CORPO, MÚSICA E TERAPIA

CARLOS DANIEL FREGTMAN

CORPO, MÚSICA E TERAPIA

Tradução
MARIA STELA GONÇALVES

EDITORA CULTRIX
São Paulo

Título do original:
Cuerpo – Musica Y Terapia

Edição
-2-3-4-5-6-7-8-9-10

Ano
-90-91-92-93-94-95

Impresso nas oficinas gráficas da Editora Pensamento

À memória de Luis Frydlewsky.

No processo de elaboração deste livro contei com a ajuda de muitas pessoas. Fedora Aberastury, Luis Frydlewsky, Cecilia Kamen, Roberto Rechia, Hersilia Martínez, Felicitas Epstein, Diana Sirotzky, Ricardo Grimson. Minha esposa Gabriela.

Pude entrar em ressonância com Alan Watts, Wilhelm Reich, Gregory Bateson, Carl Jung, Egberto Gismonti e John Lennon.

A todos eles – por seu amor à vida – o meu mais profundo reconhecimento e agradecimento.

CARLOS DANIEL FREGTMAN

Argentino, músico e musicoterapeuta. Formado pela Faculdade de Medicina da Universidade do Salvador, Buenos Aires, no ano de 1976. Trabalhou na Área de Movimento e Musicoterapia do Hospital de Dia do Centro de Saúde Mental A. Ameguino (1975), como musicoterapeuta e terapeuta corporal na Clínica Gradiva (1977/81), e como musicoterapeuta da Comunidade Terapêutica Vicente López (1977/1987). Membro-titular da equipe docente de formação em Psiquiatria da Escola de Musicoterapia de Vitória, Espanha, desde 1985; professor-adjunto-auxiliar nas cátedras de Musicoterapia em Psiquiatria e de Expressão Corporal, Universidade do Salvador (1977); docente-titular da cátedra Som, na Escola de Técnicas Corporais, Buenos Aires (1978/84), integrando a equipe fundadora no ano de 1978. Professor-convidado na Escola de Terapia Ocupacional, na Associação Argentina de Psicomotricidade e na Associação de Musicoterapeutas Universitários da República Argentina. Participou como membro-titular: do II Congresso Mundial de Musicoterapia, Buenos Aires (1976); do Encontro Regional Simultâneo de Psicólogos sobre Atualização Epistemológica, Diagnóstica e Psicoterapêutica (1978); das Jornadas sobre Corpo e Psiquismo, APBA (1980); das Jornadas sobre Diagnóstico e Tratamento de Adolescentes Borderline (1981). Foi coordenador do I Congresso Argentino de Psicologia e Psicoterapia de Grupo (1981), professor-convidado nas Jornadas sobre Criatividade de Grupo, Rosário (1981); membro-titular do Seminário Internacional sobre a Dança e o Movimento na Recuperação do Deficiente, Unesco, Buenos Aires (1983).

Chefe da equipe de Musicoterapia do Serviço de Psiquiatria Infantil do Hospital Penna. Assessor científico da revista *Uno Mismo.* É autor do livro *O Tao da Música*, Editora Pensamento, São Paulo, 1988. É autor de artigos referentes a seu campo específico na publicação alemã *Musik-Medizin*, no *Boletim da Associação Brasileira de Musicoterapia*, no *Boletín de la Asociación de Musicoterapeutas Universitarios de la República Argentina*, na *Actualidad Psicológica*, em *Uno Mismo* e em *Mutantia*, bem como em *Senda* e *Integral* (Espanha).

Compositor e instrumentista de longa trajetória na corrente New Age Music, editou 14 obras fonográficas de músicas que ele mesmo denomina "música interior". No Brasil, a companhia Tekbox já lançou, de Carlos D. Fregtman, as seguintes obras: *Estados de consciência, Meditações, Gestalt, Ressonâncias do coração, Zen* e *Mantras*.

Nos últimos anos, sob um enfoque holístico transpessoal, concentrou seu trabalho nos Seminários de Formação e Treinamento para Terapeutas, e num projeto de investigação pessoal que integra diferentes vertentes do conhecimento oriental e ocidental...

Sumário

Prefácio à edição brasileira

Musicoterapia Holística

Merecer a edição de *Corpo, Música e Terapia* no Brasil me enche de alegria. Esta terra é terra de música, na qual magia, natureza, seres e ritmos se entrelaçam. Aqui estão os amigos queridos com os quais tenho uma relação de ressonância e empatia. Mãe-terra de músicos e poetas. De alquimia e mutação.

Em todo este tempo, o caminho foi se transformando para mim. Estou consciente de que aquele que escreve é apenas um agente através do qual uma Consciência – uma massa de Consciência – se expressa. Relendo o livro, tenho a impressão de um homem caminhando sempre sobre esse "fio da navalha", última fronteira entre a arte e a ciência. O artista cria e é criado, para revelar novas realidades entre as palavras e o terreno do inominável. A psicoterapia deveria fazer algo parecido. Creio que a arte de um bom musicoterapeuta se dirige ao "mais além" de todos nós e, como essa Consciência que nos sopra os pensamentos, nos desperta, nos recompõe e pode curar-nos.

Este livro reúne ensaios e pesquisas que datam do período entre 1973 e 1981; desde a sua primeira publicação, escrevi três outros livros – *O Tao da Música*; *Holomúsica, Un Camino de Evolución Transpersonal*; e *Música Transpersonal, Una Cartografía del Arte, la Ciencia y el Misticismo* – e ocorreram progressos consideráveis em diversas áreas da psicoterapia, os quais não invalidaram nenhuma das propostas aqui descritas. Pelo contrário: estas primeiras sementes frutificaram e multiplicaram a sua intervinculação com outras fontes do conhecimento. Este pensamento *holonômico*[1] concebe agora o universo terapêutico como uma pauta ou estrutura de funcionamento em relação sincrônica com estruturas maiores que o contêm, imerso num universo totalizador "entretecido sem costuras" (Whitehead). Cada nota, cada som, gesto ou movimento de uma sessão é algo muito semelhante a uma partícula atômica elementar, "em essência, um conjunto de relações que se abrem para outras coisas" (H. Stapp).

Em psicoterapia, um enfoque holístico globalizador consiste em procurar desenvolver-se – referencial, operativa e teoricamente – a partir do *todo*, ou seja, a partir da integridade. A minha abordagem da saúde sempre é holista, pois encaro o tratamento da pessoa inteira em lugar de centrar-me em sintomas específicos. Isso estabelece uma trama de relações insuspeitadas – uma "teia de aranha cósmica", diria Fritjof Capra – que me obriga a incluir e a integrar necessariamente diferentes psicologias (ocidentais e orientais) na busca de resoluções, formulações, paradigmas ou imagens do mundo que ofereçam uma visão complementar da realidade. Isso proporciona uma possibilidade maior de compreender os estados de consciência motivados pela música – de expansão, de plenitude – e não apenas os quadros psicopatológicos. Um terapeuta deve – ou deveria – ser um agente de saúde, e não um mero especialista em doenças.

Neste final dos anos oitenta, sinto-me identificado, em vários aspectos, com a corrente da psicologia *transpessoal*, a que transcende os objetivos do ego e conecta o psicológico com a prática espiritual, numa clara tentativa de facilitar o crescimento e a evolução rumo às regiões de transcendência ou realização transpessoal (que transcendem ou ultrapassam a nossa personalidade), para além do fortalecimento egóico e da identidade existencial.

Se tivesse de esclarecer hoje alguns aspectos deste livro, à luz dos progressos da microfísica, da teoria dos sistemas e da física quântica, eu centraria o olhar basicamente num aspecto. Deve-

1. *Holonomia*: qualidade do conhecimento do Todo a partir de qualquer partícula do universo.

mos entender a manifestação do sistema estrutural humano como uma gestalt sistêmica composta, não de dois – como a maioria de nós, terapeutas, normalmente pensávamos –, mas de três níveis que possuem certa integração e "hierarquia". Costumamos falar de psique e soma, corpo e mente, fisiológico e psicológico, mas deixamos de lado um terceiro nível que subordina e determina os anteriores: o nível noético da Consciência. A partir dessa concepção, procuro desenvolver em meus pacientes e/ou alunos a compreensão de que todo processo de mudança implica um compromisso que transcende o âmbito pessoal, a dualidade psicossomática cartesiana.

No Brasil, no âmbito da Musicoterapia, colaborei ativamente para a concepção e criação de uma linha de formação para terapeutas que empatiza com essa nova forma de concepção holística da realidade, propondo um modo de *educação holista* em consonância com o período de mudança e transmutação de paradigmas em ciência que atravessamos. *Holos* é um termo grego que significa "inteiro". É um equivalente de "integridade" e se refere à totalidade de uma unidade. Procurando compreender o mistério da nossa vida, nós, seres humanos, seguimos trilhas muito diferentes. Entre elas se encontram as do cientista, do artista, do místico, dos psicanalistas, dos poetas, dos músicos e de muitos mais. Cada um de nós produziu diferentes descrições do mundo – verbais e não-verbais – que enfatizam diversos aspectos, úteis e valiosos em seu contexto, mas que, não obstante, constituem apenas descrições limitadas da realidade, pois ninguém, por si só, pode dar uma imagem completa do mundo em que vivemos. A educação holística do musicoterapeuta é uma realidade emergente, nova, na medida em que reformula desafios, os quais, por não serem conhecidos, podem ser considerados resolvidos. Trata-se de compreender a realidade (pessoal, individual, profissional, social) em termos de *todos* integrados cujas propriedades não podem ser reduzidas a pequenas unidades ou partes isoladas.

"Educar" vem do latim *educare*, que indica "levar adiante a partir de dentro"; *holos* se refere a uma íntima conexão de todas as partes viventes, tanto as que existem dentro da pessoa quanto as interdependências da pessoa com o ambiente cultural, social, físico, global, de fora (M. Grinmerg).

Hoje, depois de 15 anos de pesquisa efetuada em laboratórios de som, sessões de Musicoterapia, experiências transpessoais com música e didática formativa em grupos de aprendizagem terapêutica, sinto que educação holista em psicoterapia é educar a pessoa inteira, procurando fazê-lo a partir do todo ou a partir da "integridade", pois somente da perspectiva da integração poderemos, em nosso fazer profissional, enfrentar e compreender a fragmentação alienante criada pela doença e pelo isolamento.

Trata-se, a um só tempo, de um enfoque *sinergístico* e ecológico (no melhor sentido da palavra); a *sinergia* é a ação combinada de um número de partes, de tal modo que o resultado é sempre maior que a soma das ações parciais e separadas dessas partes. A nossa proposta de trabalho é sinergística porque enfatiza e desenvolve a nossa capacidade de confiar em, e de utilizar, nossos potenciais internos, bem como, dessa maneira, a nossa capacidade de *afirmar-nos a nós mesmos, de afirmar os outros (os nossos pacientes) e, por conseguinte, a sociedade em que vivemos.*

Aprender é mudar.

A educação é um processo que modifica aquele que aprende.

O exercício mais revelador consistirá simplesmente em assumir se você é quem é ou se é o personagem ritual que alguém de fora atribuiu a você. Você pode entender a música como uma seqüência de probabilidades, não de probabilidades de coisas, mas de interconexões. Você nunca poderá falar da natureza de um som sem falar também de si mesmo, pois você se encontra comprometido e "implicado" (D. Bohm) no mundo que percebe. A música não pode ser pensada como uma substância ou matéria, mas como um acontecimento que envolve você de modo total. Escutar um som é sempre escutar-se por dentro. O mesmo acontece com a psicoterapia: nunca a "observamos", sempre "participamos". *Aprender é mudar.*

Espero que *Corpo, Música e Terapia* se torne um ponto de partida e de chegada para exploradores interiores, para aqueles que desejam uma mudança, para os mergulhadores do espírito que ainda intuem que a verdade só pode ser encontrada orientando-se os sons de um coração para outro coração.

Carlos D. Fregtman,
Rio de Janeiro, outubro de 1988.

Prelúdio (à guisa de prólogo)

> "... Começa a dança. Pouco a pouco, contatos. Lábio a lábio. Coração a coração. Encontrando-se no outro, com terror, às cegas, queimando... as notas se encontram em acordes, os acordes em seqüência, a cacofonia passa a um coro polifônico contrapontístico, a um diapasão de celebração."
>
> *El pájaro del Paraíso*
> Ronald Laing

Integrar a música à terapia é tarefa árdua porque implica buscar o preterido. A cultura de massas atribui um papel específico à música: o de promover a esquizoidia social. Ela é transformada em agente do isolamento. Aí confluem música e enfermidade. Na solidão do baile isolado. A terapia resgata a história do indivíduo e da sociedade, e busca o caráter social do fazer musical, o seu vínculo solidário, o seu relacionamento com o tribal, o ancestral, o compartilhado.

Integrar a música à terapia é integrar o corpo, porque a música é feita, dita, tocada e cantada como manifestação corporal. E é buscar o corpo, os seus gestos, posturas e estilos como engrenagem da história de um indivíduo, isto é, da história de sua família, do seu setor social, da sua cultura. E mergulhar no corpo leva necessariamente à relação do corpo com o corpo do outro, desenvolvendo um plano de encontro.

Integrar – o vocábulo parece essencial como vetor de uma direção necessária – é tarefa não apenas do exercício de uma disciplina, de seus praticantes, como também da equipe em que a tarefa e esse praticante se desenvolvem. Estamos então desalienando. Certos de que a busca dessas linguagens, a sua procura por entre todos os fatores que as ocultam, nos aproxima de planos mais totalizadores no conhecimento da pessoa (no caso em questão, a compreensão dos fatores patológicos). Em resumo, amplia o horizonte da nossa estratégia na batalha que leva da loucura à cura.

Música como plano de trabalho, corpo como instrumento, terapia como objetivo: esses são os componentes do processo criativo desenvolvido por Carlos Fregtman, que chega aqui a uma expressão escrita, necessariamente parcial e limitada. Expressar a música em palavras é tarefa tida como impossível. Como deixaria de ser arbitrário o relato de um processo em que o musical desempenha um papel tão importante? Contudo, a adequada generalização das experiências, unida a uma seleção de exemplos sobremodo esclarecedores, faz do livro uma contribuição eficaz.

É tarefa do profissional de saúde mental mostrar o que caracteriza a sua contribuição à área, assinalando as pontes que tornam essa tarefa um tijolo do edifício comum. Para que adquiram a dimensão real de sua riqueza, essas pontes deverão ser, obviamente, percorridas em ambas as direções, o que nem sempre se mostra fácil. Não se tem hoje a oposição das instituições psicanalíticas ao trabalho integrado, ou, melhor dizendo, a própria oposição tem menos importância, embora no campo da tarefa psicológica haja uma tendência para o fascínio diante do incompreensível. Isso explica por que psicologias esotéricas, como as de inspiração lacaniana (com o perdão do mestre), contam com grupos de adeptos mais numerosos que sábios. Às vezes se abordam os temas que nos interessam, mas, quando se está prestes a percorrer o caminho, percebe-se que não se trata de descobrir o corpo, mas de vesti-lo com uma linguagem de palavras. Nova alienação.

No trabalho com os casos de patologia mais severa, o terapeuta busca apoio na rede que o seu corpo estabelece com outros corpos e, se é eficaz, o é na medida em que conseguiu uma tarefa clara, realizada em relação com outras tarefas, e na medida em que se incorporou com nitidez ao retículo de relações conscientes e inconscientes que se estabelece com o grupo de terapeutas e de pacientes.

Três tipos de complementação me aproximam de Carlos Fregtman no trabalho: a) a nossa tarefa comunitária compartilhada; b) um trabalho que fizemos em colaboração e que, com o nome de *La Creencia, la Creación y el Delirio*, foi apresentado no Teatro del Picadero (novembro, 1980), no Café de la Flor (Rosário, abril, 1981) e no Teatro del Este (setembro, 1981). Esse trabalho consiste de um diálogo sobre os temas do título, realizado entre um texto verbal de minha autoria e um texto musical improvisado por Carlos. Descobri as múltiplas possibilidades de enriquecimento de uma afirmação em sua apresentação simultânea. A malha do texto e a da música se entrecruzam, se complementam e se reforçam. Embora não seja terapêutico, é um trabalho sobre a terapia realizado em equivalência de relação cooperativa;* c) um trabalho que utiliza um texto verbal meu e uma seqüência musical escolhida por Carlos com base em músicas gravadas. Esse trabalho tem como finalidade induzir um estado regressivo num grupo de experiência. Comprovamos aqui o papel indutor do texto sobre a significação da música e da música sobre as implicações do texto.

Em minha opinião, as experiências recolhidas na tarefa grupal têm um valor especial, já que o estabelecimento do corpo do grupo e a sua realização, sua tarefa, resgatam essa dimensão da solidariedade social, do prazer compartilhado de que nos fala Max Pages.

Certa vez comentamos com Eduardo Aguirre, também músico e terapeuta, o papel do acampamento na adolescência do terapeuta de pacientes psicóticos. Creio que descobri nos acampamentos uma dimensão social que posso facilmente recordar quando uma situação de trabalho grupal se desenvolve de maneira satisfatória. No trabalho terapêutico com psicóticos há um prazer ao qual – tal como a uma ilha – se chega depois de atravessar o sofrimento, o perigo e a angústia. E essa ilha, ao invés de separar-nos, nos fornece a base para um encontro mais profundo.

A terapia do paciente psicótico deve, em primeiro lugar, evitar que as condições terapêuticas e institucionais ampliem a alienação que a doença produz. Opor-se à re-alienação é então o lema. A mão que se aproxima de outra mão e a aninha como a uma ave, fazendo desaparecer o seu tremor. O corpo que sustenta outro corpo, permitindo que a experiência da confiança no outro substitua o terror. A melodia com que se acompanha uma situação de encontro, de preocupação ou despedida – melodia que perdura quando as palavras já perderam o seu sentido – oferece um apoio estável para a compreensão do próprio indivíduo. Trata-se de percorrer um longo

* Existe uma versão gravada em cassete que foi difundida por nós.

caminho e de aproveitar a multiplicidade de planos na qual se expressa a riqueza desse trajeto. "No final do caminho estava eu", diz-nos Octavio Paz referindo-se à sua longa travessia em *El Mono Gramático*. Que me seja permitido acrescentar: Eu e uma melhor maneira de encontrar-me, a partir de mim, com os outros.

> "A tua vida, então, será um rio inumerável que se chamará pedro, joão, ana, maria, pássaro, penugem, o ar, a minha camisa, violino, crepúsculo, pedra, aquele lenço, valsa antiga, cavalo de madeira. A poesia é isso... Portanto, escreve-o."
>
> Juan Gelman (56-58)

A psicose se vincula – por oposição, acredito – à criatividade. Desenvolvi em outro texto a idéia de que ela constitui uma criação abortada, um curto-circuito no desenvolvimento do processo de criação. E isso por várias razões. Porque pode chegar a ser desenvolvida com a estereotipia das atividades reiteradas e, em muitos casos, o é. Porque a enfermidade é redução de perspectiva, limitação do campo, enfatizado por certas significações dominantes. E a criação é abertura, multiplicação, reconhecimento do não-saber, busca da presença do ato que rompa e ilumine.

O ato criador nasce da insatisfação com a perspectiva dominante no campo da cultura. É, portanto, uma ruptura da ordem e a busca de uma nova explicação, de uma nova significação.

A contribuição de *Carlos Fregtman* neste livro se localiza claramente no âmbito da criação e consegue, em minha opinião, uma confluência da tarefa terapêutica com a manutenção de critérios criativos. Nada, portanto, de receitas. Antes o guia de um percurso árduo, de um caminho percorrido com sacrifícios, com crises. Uma tarefa desenvolvida em companhia de poucos e diante da indiferença das instituições que deveriam cuidar da saúde mental pública. Outro exemplo da solidão que implica ser criativo na Argentina, sob o risco de ser ignorado. Deve-se agradecer ao contato com a verdade em alguma de suas manifestações terrenas – esse contato tênue, esporádico, sempre perseguido e poucas vezes alcançável – a permissão para que tarefas que este livro compila, com um grau de experiência singular e um valor muito amplo, tenham podido ser realizadas, sistematizadas e agora publicadas.

Há um plano no qual o livro de Carlos despertará o interesse do ainda jovem campo dos musicoterapeutas. Trata-se do plano em que se reconhecerá o Mestre que trouxe algo de sua viagem às trevas. Existe outro plano em que o autor será lido com satisfação pela crescente legião de terapeutas que se inscrevem na ótica grupal dos fenômenos psicológicos e psicoterapêuticos, terapeutas para os quais a presença do corpo e de suas manifestações não é apenas apoio mas também linguagem, não é somente pano de fundo mas também figura, não é só ferramenta mas também história.

Já o coloquei – antes de sua publicação – numa estante não muito grande, mas sobremodo valiosa, na qual convive com "Espacios y Creatividad", de Eduardo Pavlovsky e Hernán Kesselman, com o livro dos citados autores e de Luis Frydlewsky sobre "multiplicação dramática", com o artigo de Max Pages sobre "El cuerpo liberado"; com o livro de Fidel Moccio e Hersilia Martínez sobre *Juegos Dramáticos*, com *Cambio de Juego*, de Vivian Loew e Guillermo Figueira. Parece-me uma boa companhia.

Ricardo Grimson,
Buenos Aires, maio de 1982.

O sorriso, os gestos, o olhar, os sons, até mesmo a aparente passividade ou o silêncio, não são mais que caminhos através dos quais refletimos tudo aquilo que compõe o nosso mundo interior.

Por meio das nossas ações – *sendo expressão* – nos expressamos; comunicamos e, nessa intervinculação, se fundamenta a sensação de estarmos vivos, o prazer do intercâmbio e do enriquecimento mútuo.

Damos e recebemos.

Duplo jogo de entrega e acolhida que recria o assimilado.

Crescemos.

Avançamos *junto* a outros seres.

Se somos capazes de olhar e escutar com atenção, compreensão e afeto, descobrimos no outro não apenas um companheiro de jornada mas também uma fonte imensa de riqueza.

Corpo, Música e Terapia é um trabalho realizado *com o*, e *a partir do*, coração de um ser que integrou em si mesmo uma vasta rede de experiências, as quais acompanharam homens e mulheres que também apostaram no crescimento pessoal e no conhecimento criador. Acredito que, assim como serviu em outros países de material de inestimável valor para terapeutas e trabalhadores da saúde que se especializam no campo da Musicoterapia, este livro também iluminará o caminho de todos aqueles que, neste país, percorrem a trilha da auto-realização e do crescimento criativo da Consciência.

Patxi del Campo,
coordenador da Escola de Musicoterapia de Vitória, Espanha,
novembro de 1988.

Introdução

As Tábuas da Lei da Musicoterapia permanecem em branco. Existem, com certeza, mas ainda não receberam inscrição.

Cada paciente pode ser um Sinaì palpitante no qual misteriosas forças de razão e intuição materializem a sua entrega.

Este livro, como todo ato de locução, é necessariamente seqüencial. Mas também, como todo ato criativo, carece de princípio e fim, segue os seus próprios impulsos, evolui[1] e transcende, mais que em palavras e conceitos, nas flutuações, vibrações e oscilações que denunciam tudo o que existe.

É por isso que ele às vezes se manifesta inquisitivo, às vezes coloquial, às vezes acadêmico, às vezes lúdico, diz, canta, narra, repete, geme, discursa, confessa e, em si mesmo, pretende instrumentar a revelação de um trecho harmônico no qual ocorra a convergência apenas das vozes, dos sons, dos ruídos e dos silêncios do ponto de união entre o locutor e o seu mundo – meta principal deste desmedido projeto autoral...

1. É provável que o termo devesse ser "evoluciona", em lugar de "evolui". Contudo, creio que o primeiro denota antes um processo independente da vontade. Antes um *fato* que um *ato*. O verbo "evoluir" implica ação e, por conseguinte, sugere melhor a existência de um ser atuante. Se o metaplasmo não agrada, mude-se o termo para "evoluciona"...

Jogo

Estamos imersos numa "sonosfera". Esta, por si mesma, acha-se implicada pela atmosfera terrestre, na qual o meio condutor (ar-água) e a vibração sonora expansiva coincidem em suas origens e limites. Onde há ar há som. Onde há água há som. Onde há vida há som.

Trabalhar em Musicoterapia com sons e movimentos é mergulhar num mundo carregado de significações ancestrais, de veículos de mobilização altíssimos como são os instrumentos musicais e de tantos possíveis receptores valiosos quantos são os habitantes do planeta.

A utilização de instrumentos musicais num contexto terapêutico nos apresenta um riquíssimo espectro no qual cada instrumento, assim como a forma em que é executado, tem um significado diferente. O timbre vocal representa para nós uma personalidade básica e, sem temor de exagerar, acredito que poderíamos chegar a efetuar um diagnóstico provável com base na "música" da fala.

"A música traduz a intensidade da vida psíquica, o dinamismo interior e geral em todos os seus graus... Ela deixa de lado as representações e os conceitos que acompanham o estado afetivo; dele só extrai a energia... É o dinamômetro da vida sentimental... A música atinge, pois, a personalidade em sua essência. Procurando reproduzir o dinamismo da paixão em sua fonte mais profunda, e nada mais, a música adquire tanto generalidade como potência; porque essa energia cuja intensidade ela destaca não é a desenvolvida por esse indivíduo quando ama ou odeia outro indivíduo, mas é a própria força vital, tomada em sua fonte, desligada de todas as aplicações concretas e captada em sua universalidade." (Combarieu: *La Musique, ses Sois et son Évolution*.)

Fazer Musicoterapia é, numa primeira abordagem, convocar as experiências lúdicas do paciente que permite ser colocado em posição de "jogo", único campo em que os pontos de referência – e, por conseguinte, as defesas estratificadas diante do "outro" – estão excluídos, pois não há nada a defender nem a conquistar. Assim, o "jogo" ocorrerá sem lógica nem motivações cujo interesse transcenda a satisfação hedonista da sensorialidade, deslocando a ordem convencional da razão.

Conseguida a atitude lúdica, o musicoterapeuta se transforma num companheiro de jornada, cantando justamente *Les Chansons de Route*, recolhendo aqui e ali este ritmo ou aquele canto que permaneceram nos inumeráveis atalhos esquecidos da infância, da espécie e do homem. Na linguagem sonora existe um reencontro com o primitivo (onto e filogenético), o antigo, o ancestral.

Recuperar os nossos sons é recuperar os nossos corpos, é recuperar fragmentos de consciência e as suas relações interdependentes, com cujos delicados fios, à maneira das vertiginosas órbitas com que os elétrons tecem a matéria do núcleo do átomo, será tecido aquilo que é reivindicado como estruturas de restauração e energia no núcleo do ser.

Desse modo, o repudiado, o doloroso, o desprezado, se transforma na própria argamassa da cúpula protetora, sob a qual será possível trabalhar, amar e sobretudo cantar "velhas canções" restituídas.

O prodigioso mundo de ingenuidade infantil que é preciso percorrer na situação lúdica se encontra muito próximo do caos. Nem a experiência nem a lógica ajudam. Somente a "intuição" e a grande determinação, e nem sempre.

Daí decorre a freqüente obscuridade e confusão dos caminhos para um possível encontro com a realidade e com a clareza.

A linguagem cotidiana se refere à vida. A música vive.

Talvez tenha sido isso o que levou o filósofo anônimo a enunciar esta bela opinião: "compreender é como cantar".

Mapeando

"Cerimônias de Música e Movimento"

"Essas reuniões devem ser celebradas de acordo com as necessidades de lugar e tempo. Os espectadores cujos motivos são indignos deverão ser excluídos. Os assistentes devem sentar-se em silêncio e não olhar uns para os outros. Pois buscam aquilo que possa surgir dos seus próprios corações." (*El-Ghazali.*)

Em sua formação, o musicoterapeuta recebe uma série de princípios teórico-técnicos, básicos e fundamentais, mas não possui todas as respostas. Parte central da sua tarefa é a exploração de acontecimentos do passado que se relacionam com o complexo som-ser humano e, à maneira de um cartógrafo, o "mapeamento" (John C. Lilly) desses fenômenos musicais que talvez respondam a várias de suas perguntas ou gerem outras.

As mitologias de quase todos os países do mundo possuem figuras de deuses e semideuses aos quais se atribui milagrosa habilidade musical. Nas lendas gregas, Tirteo leva um exército à ação ao som da flauta; Terpandro, com um instrumento semelhante, volta a submeter um povo rebelde; Anfião levanta os muros de Tebas tocando uma lira; quando os piratas o lançaram ao mar, Árion foi resgatado pelos delfins, seduzidos pela música de sua lira. A figura mais conhecida é a de Orfeu. O seu canto submetia os animais selvagens, detinha o curso das ondas, fazia dançarem as árvores e rochas. Quando a sua esposa, Eurídice, morreu, ele desceu aos infernos, enfeitiçou as criaturas do mundo subterrâneo e conseguiu do próprio Plutão a liberdade temporária da mulher. A lenda de Orfeu é conhecida em todo o mundo. Existem Orfeus galeses, hindus e até havaianos. Nos mitos hindus, os cantores influem no crescimento das plantas, mudam o curso das estações, detêm o sol e fazem cair a chuva. Os mitos irlandeses contêm referências a harpas milagrosas, a apitos e cornetas. As lendas galesas e escocesas falam de feitiços lançados sobre pessoas por meio da música. Nas lendas francas, a corneta do herói Rolando possui poderes mágicos. A corneta de Huon de Bordeaux fazia dançarem os que a escutavam. As lendas prussianas contam a história de Pied, o flautista de Hamelin, e seu poder sobre os ratos e as crianças. A Bíblia relata que os muros de Jericó caíram quando os sacerdotes sopraram as suas trombetas. Salomão foi levado à loucura pelos cantos de suas mulheres e os marinheiros gregos e teutônicos eram deslumbrados e arrastados à morte pelo doce canto das sereias.[1]

Por si sós, a pulsação e o som afetam os processos voluntários e involuntários do corpo humano. Experimentos psicofisiológicos demonstraram que os cantos vigorosos, alegres e "excitantes" não são os únicos que possuem influência estimuladora sobre o organismo. Músicas de características opostas (graves, "tranqüilas", lentas) produzem mudanças fisiológicas semelhantes. Esse é um dos fatos que demonstram que a qualidade fundamental da música se baseia mais no som que nas relações estruturais ou no simbolismo conotativo. Segundo a afirmação de J. Mursell, um canto de composição neutra e numa língua estrangeira, mas entoado por uma voz vibrante e poderosa, pode produzir no ouvinte (paciente) uma emoção mais profunda do que o canto mais perfeito no próprio idioma, caso este seja interpretado por uma voz de qualidade sonora inferior. O tom é um fator mágico.

Observemos no exemplo seguinte – citado por S. Selden ao referir-se aos valores de emoção nos tons musicais – como uma simples mudança num elemento estrutural sonoro-musical (altura, força, compasso) pode influir sobre o valor efetivo emotivo de uma simples frase.

Modificação de altura:
Eu te amo (em tom agudo). O sentimento é imaginativo.

Eu te amo (em tom grave). O sentimento é mais profundo, menos mental, mais físico.

1. Samuel Selden, *The stage in action.*

Modificação de "força":

Eu te amo (forte). O sentimento é imposto ao ouvinte.

Eu te amo (moderado). O sentimento parece ser proposto, pede uma resposta.

Modificação de compasso:

Eu te amo (rapidamente). O sentimento sofre a influência do nervosismo, do temor ou da amargura.

Eu te amo (lento). O sentimento é sereno, ainda que o objeto ao qual se dirige possa parecer inatingível.

Continuemos "mapeando".

Muitas das atuais "descobertas" em psicoterapia são tratamentos que foram conhecidos e aplicados por antigos médicos (nessa época, eles recebiam outros nomes: magos, feiticeiros, bruxos) há centenas de anos.

Costumamos considerar esses legados do passado como meras superstições, pois supomos faltar-lhes valor "científico", não observando os seus parentescos e paralelismos com o nosso folclore, que em todos os lugares precedeu o pensamento científico; mas, como os discípulos de C. G. Jung sabem perfeitamente, as imagens do folclore tradicional costumam ter uma enorme importância psicológica e aqueles que as descartam ou as desprezam sofrem sem saber perdas irreparáveis.

A palavra "terapeuta" provém do nome de uma tribo do antigo Egito que era reconhecida por sua capacidade de curar.

A ação de convocar os espíritos foi conhecida pelo nome de magia. O mago deve convocar e atrair os espíritos invisíveis por meio de uma linguagem que só ele conhece. Ritmos e melodias são postos em ação e o enfermo possuído se liberta dos seus males ao escutar a fórmula invocatória.

O homem que canta a fórmula invocatória imita duplamente – com a música da palavra e com o gesto que a acompanha –, sendo essa imitação a base de toda a magia. Todo feitiço provém do verbo fazer, imitar, fascinar (do latim "fascinum", um encantamento, um estremecimento pelo canto).

A fascinação ocorre quando se comoveu o inconsciente. O efeito produzido por uma série de sons não pode ser explicado totalmente por sua forma audível.

A própria melodia – relata Adolfo Salazar – que acompanha o ritual mímico herda o poder característico do ato mágico completo, porque os sons que a compõem são capazes de evocar tanto as ditas palavras como os gestos que as acompanham. Por isso, há divindades ocultas nos sons, nas notas e na constituição da escala, operação mágica que se estende do Extremo Oriente à Índia e à China, trazendo do Ocidente grego uma teoria completa na qual as idéias de música, divindade e astronomia se reúnem. A idéia de Música, Deus e Astro se confundem no sentido ascensional, na idéia de uma terceira dimensão projetada no espaço em que giram os planetas, regidos por harmonias superiores. Esses sons são representados, na Grécia, por letras do alfabeto que, simultaneamente, designam o astro e o som que lhe corresponde, assim como o dia da semana que lhe é dedicado.

Na Índia, a escala tinha sete sons – na realidade, sete notas com um sentido simbólico, tais como os sete céus, os sete planetas, os sete dias da semana. À música era atribuído um poder mágico e os prodígios realizados por Krishna com a voz e o canto são comparáveis aos de Orfeu.

Sri Swami Sivananda nos fala do poder da música hindu.

Sa-ri-ga-ma-pa-dha-na são as sete notas musicais.

Para esse mestre (Sivananda se refere, em seus textos, à Musicoterapia), a música derrete as rochas... Extasia, embala, dinamiza, eleva, inspira, fortalece, magnetiza e revigora... Vibra na memória... Cura doenças incuráveis... há música nos regatos que correm, no canto das crianças, em todas as coisas. Se você tem ouvido, em todas as coisas... O homem quer música para descansar e elevar-se... O devoto se senta com o seu tambor para fundir a sua mente com o seu Senhor, em silêncio... A música cativa a mente... Expele a doença... A enfermidade vai ao encontro da onda musical. Ambas se "mesclam" e desaparecem no espaço... Sa-ri-ga-ma-pa-dha-na.

Na Índia se utilizaram, e ainda se utilizam, sons salmodiados; eles são usados, não por seu significado, mas como simples tons, chamados mantras, para facilitar o processo de meditação, de concentração.

Os mantras são recitações de fórmulas místicas que permitem evocar e assimilar as forças das quais eles são o símbolo, por meio da evocação dos sons e das forças que animam esses sons.

A maioria dos mantras contém *m* ou *n*, que parecem ressoar na cabeça "mesmo quando repetidos em silêncio".

O mantra hindu mais antigo é o OM, lentamente pronunciado e "cantado". Ele tem como finalidade a indução de um estado de consciência particular e supraconsciente.[2]

É a seguinte a descrição de Schützenberger e Sauret sobre o "Mantra Aum":

"O apoio dado à última sílaba, o último fonema *m*, expulsa o ar pelo nariz – fechando a boca depois de tê-la aberto para o 'a...u...' – e a vibração sonora se propaga para o centro do crânio, fazendo vibrar por ressonância a hipófise e a glândula pineal (epífise). A glândula hipofisiária controla a síntese de numerosos hormônios, assegura a orientação do corpo no espaço e a do equilíbrio quando se anda em pé. Talvez se procure desencadear, desse modo, uma síntese hormonal e modificar a orientação e o equilíbrio mediante uma 'transfusão' do comportamento orgânico, físico e psíquico."

No Tibete, o mantra mais célebre é o "om-mani-padme-hum".

Do estudo das práticas de macumba no Brasil, das cerimônias tribais da África, de Madagáscar, de Java, das ilhas Molucas (Margaret Mead) ou dos peles-vermelhas norte-americanos, surge a permanência na utilização do ritmo, da dança e do canto, em "círculos" de músicos ou dançarinos, nos processos de cura de doenças.[3]

2. É freqüente encontrar pessoas que afirmam que as palavras "amém" e "aleluia" possuem (ou possuíram) um sentido mântrico.

3. Carl G. Jung estudou a relação entre as Mandalas, cujo significado literal é "círculo" – e, em especial, círculo mágico –, e as produções do inconsciente, assinalando que descendem originalmente do "círculo protetor", do "círculo encantado", cuja magia foi conservada em inúmeros usos populares. Para o Zen, o círculo representa iluminação e simboliza perfeição humana.

O uso do grito como método catártico tem sua origem em antigas civilizações primitivas. A tradição das artes marciais, no Oriente, nos oferece os seus "gritos que matam", desconcertam, paralisam o adversário.

Atualmente, em diferentes partes do mundo (Estados Unidos, Inglaterra, França, Holanda), numerosos grupos de encontro finalizam suas sessões em círculo. Os membros do grupo se colocam em círculo, de mãos dadas ou apoiando-se uns nos ombros dos outros, e emitem sons – salmodiados –, cantados espontaneamente.

Como recurso terapêutico, o grito foi resgatado por numerosas escolas contemporâneas e, em alguns casos, constitui o ponto central do tratamento (Alfred Wolfsohn, Ray Hart Theatre, Terapias Reichianas – Lowen, Pierralson, Keleman –, Centro Daytop, Terapia Primal de Arthur Janov, a escola de psicodrama de J.L. Moreno, etc.).

Quando as trevas se abriram e se fez a luz, houve o caos e, nessa transmutação de sombras, houve som. Desde então, ele jamais se extinguiu, passando de instrumento a instrumento até as atuais vibrações de cinco mil milhões de diapasões diferentes.

> Ser é cantar ou ter cantado.
> Canto *ergo sum.*
>
> Diz Hakuim, mestre japonês do Zen:
> "Na música e no canto está a voz da Lei."

Histórico

Dando seguimento, este capítulo pretende fazer um breve histórico da música, dos instrumentos, dos músicos e de alguns fenômenos com isso estreitamente relacionados.

Ele tem como finalidade difundir idéias, possíveis encontros e desencontros, elos, sensações e associações relacionados com esses conceitos.

Em alguma parte, em algum lugar profundo do nosso ser, sabemos para onde iremos e o que faremos. Mas há vezes em que o palhaço que denominamos "eu", como diria L. von Franz, se porta de modo tão desconcertante que a voz interior não consegue fazer-se ouvir.

"Nos estratos mais antigos da Pré-história nos encontramos diante de uma linguagem musical, isto é, de uma simbolização do som produzido por instrumentos e de uma coordenação dos sons estreitamente paralela a movimentos corporais: quanto mais simples essa coordenação, quanto mais rudimentar essa sucessão de movimentos, tanto mais clara e firme será a sua eurritmia e essa simplicidade estrutural acompanha as primeiras aparições do sentido plástico criador: ou se trata de imitações de um modelo vivo ou de combinações regulares de linhas abstratas; dupla manifestação que, inequivocamente, conduz à dupla face de toda música em todos os tempos – a música como expressão de algo e a música como puro gozo combinatório. Num princípio, a dança com um significado especial e a dança como estética de movimento.

"A dança e a música têm já, nessa etapa tão primitiva, uma função ritual. Ritual e não apenas imitativa.

"Pauzinhos ou ossos que se entrechocam e produzem diferentes sons, caso sejam maciços ou ocos. Ossos furados, e ao soprar por eles esse sopro humano se transforma em sons especiais mais ou menos roucos ou sibilantes, como o que ocorre quando se sopra em talos ocos. Mandíbulas de animais que, esfregadas uma na outra, produzem um ruído áspero, irritante. Finas lascas de ossos que, presas numa das extremidades por um fio, sibilam se a elas se imprime um movimento de rotação. O silvo será tanto mais penetrante quanto mais rápido for o movimento: princípio de emissão sonora que o homem primitivo observa juntamente com o fato de que o som produzido por ossos e talos se relaciona com as dimensões do tubo; mais tarde, ele observa também a relação desse som com a posição do furo nesse tubo e, algumas vezes, o perfura em sentido longitudinal e outras em sentido transversal: está assim aberto o caminho para os instrumentos de sopro.

"Mas, quando um fio se desprende de um talo seco e o toca, estando em tensão, um novo som se produz: a harpa está prestes a nascer. Já não é o vento sussurrante que agita os canaviais e faz os bosques bramarem temerosamente, nem tampouco a água que ressoa gentil ou profunda no âmago da caverna: é ele próprio, o homem, que saberá despertar esses agentes que dormem no seio dos objetos, que os chamará e conseguirá imitar, à sua vontade, os ruídos da natureza." (*La Música en el Templo*, Adolfo Salazar.)

Quais são as origens da música? É possível falar de músicas diferentes? Qual é a missão mais importante da música?

A resposta é de Karlheinz Stockhausen, um dos mais relevantes pilares da música contemporânea e de suas mais modernas concepções:

"... quando nos perguntamos sobre a origem da música, devemos saber antes qual é a origem do homem. Desde que o homem existe, houve música. Mas também os animais fazem música, assim como os átomos e as estrelas; tudo o que vibra faz música. A música percebida pelos homens é uma música humana; para que eles possam perceber a dos átomos, das estrelas, dos animais, essa música deve ser transformada. O essencial, em minha opinião, é que a música é um meio do espírito, o meio mais sutil, já que penetra nos próprios átomos do homem, através de toda a pele, do corpo inteiro, não apenas através dos seus ouvidos, e pode fazê-lo vibrar. Ela é o meio mais importante de colocar o homem em contato com o seu procriador, o seu criador. Isso é o que, a meu ver, a maioria das pessoas esquece ou não quer admitir. Mas estou intimamente convencido disso e acredito que deve ser dito."

Nos povos primitivos, as manifestações musicais eram compreendidas de imediato pela comunidade; elas não tinham fins artísticos ou individuais, mas eram exteriorizações espontâneas e vitais, para a tribo em sua totalidade.

O canto dos povos primitivos tem origem num estado de excitação ou embriaguez e se manifesta sob a forma de impulsos motores com significações eróticas, mágicas ou religiosas. Tratava-se de desumanizar a voz com a finalidade de comunicar-se com todo o sobre-humano, utilizando como meio vários recursos, tais como guinchos, emissões nasais, gritos, canto ventríloquo, falsete, etc., e dispondo todas essas formas em registros extremamente agudos.

Vinculadas ao canto, surgem duas necessidades: o movimento (o movimento corporal e rítmico) e a emissão de ruídos ou sons de acompanhamento.

O próprio Vedda, ao cantar, move o tronco do corpo, o dedão do pé e o polegar, sendo natural o ato instintivo de acompanhamento com impulsos motores; o desenvolvimento de uma melodia, por sua vez, é tão antigo como o próprio canto.

Antes de recorrer a objetos materiais alheios ao seu corpo, o homem bate palmas, pisoteia, bate no ventre, nas coxas ou nas nádegas.

Logo se começam a utilizar molhos de soalhas ao redor do corpo dos bailarinos, pedaços de madeira que se entrechocam ou atritam, maracas de cabaça. A esses instrumentos se acrescentam outros, não úteis para a marcação do ritmo, como, por exemplo: chocalhos, assobios, búzios, etc.

Supõe-se datar daí a iniciação da prática instrumental contínua, mas não é por acaso que logo se torna necessário utilizar instrumentos de diferente altura, pois, por exemplo, chocalho grande é homem, e pequeno, mulher, e seus sons assim o confirmam: a sonoridade do grande é grave e profunda como a do homem, enquanto a do pequeno é aguda como a da mulher. Mais adiante, esses esquemas se quebram, invertendo-se as suas correspondências: o couro grande do tambor é o feminino e o pequeno, masculino, porque o som agudo é o mais ativo e a ressonância grave representa a idéia do ventre materno, o ventre da terra. Pares de cana oca de bambu que se chocam contra o solo são chamados de pai e mãe; os gongos, segundo a sua forma, são masculinos e femininos; flautas e trombetas eram instrumentos varonis; o tamborim e suas múltiplas variedades se ligavam à idéia de fecundação levada a cabo pelo pauzinho que arranca o som do couro, sobretudo em culturas agrícolas nas quais predominava a idéia feminina da natureza fecundada.

Já em plena civilização helênica, a lira é o instrumento propício a Hermes e Orfeu; a cítara, a Apolo; a flauta, a Atena; a siringa, a Pã. Na Índia, a vina favorecia a Narada; a ancestral guitarra, a

Sarasvati, deusa da eloqüência; e o alaúde de braço longo, a Ganez, deus filósofo.

Aparentando-nos com o antigo conceito alquímico do "espírito na matéria" nos objetos inanimados, talvez possamos inferir que um instrumento musical desperta os nossos sentimentos mais profundos porque parece ser o portador de poderes que são maiores do que ele.

> "Uma casa na noite, entre matas e árvores
> brilha uma janela suavemente,
> e ali, no âmbito invisível,
> soprava um tocador de flauta.
> Era uma canção tão conhecida,
> tão gentilmente se espalhava pela noite,
> como se qualquer país fosse a pátria,
> como se cada caminho se houvesse realizado.
> O secreto sentido do universo
> por seu sopro se revelava
> e se ofereceu agradável ao coração
> e para sempre se tornou presente."

Música de Flautas,
Hermann Hesse.

É fundamental falar, não apenas do elemento material usado para provocar som, assim como de sua significação, mas também do complemento fundamental no âmbito do fenômeno: aquele que o executa.

Seja para fins de relaxamento, de ação mágica ou, mais tarde, de simples prazer, cantar e tocar são expressões incontestáveis de inquietações interiores e cada membro da tribo tem igualdade de direitos e a mesma capacidade para fazê-lo. O fato de que, em determinadas ocasiões, o feiticeiro se encarregue de funções musicais específicas não significa que possua um nível ou capacitação especial ou superior ao nível comum. Não obstante, há uma característica geral, permanente, que une todos os magos e feiticeiros através de tantos séculos de história e pré-história: o fato de que todos são músicos, ou, melhor dizendo, cantores, porque não há encantamento, feitiço nem invocação mágica senão por meio do canto, o qual, com poucas exceções, é canto dançado e gesticulado.

Todo o povo pratica a música, ainda que, algumas vezes, não tenha acesso a certos instrumentos guardados em recintos especiais em poder do feiticeiro. Cantar, bailar e tocar são propriedades compartilhadas e, quando o grande evento da comunidade se desenvolve, o chefe entoa a melodia e todo o povo canta, participando.

Se os Salmos são cantados, isso ocorre sobretudo porque são compostos por fórmulas de invocação ao Espírito e porque a linguagem própria para comunicar-se com o alto é, sistematicamente, em todas as culturas, a voz humana emitida em sons musicais.

A voz humana foi sempre o eco da inspiração divina. Desta vez, é o espírito do deus que desce sobre o mortal "inspirado". A modulação da voz assumirá caracteres de assombro que perduram até hoje, quando a um cantor de grande mérito é atribuída a categoria de divo, divino.

Para Homero e Ésquilo, a melhor definição do homem é a da voz articulada. O seu poder é tão decisivo como o da espada, tal como o testemunha a Bíblia em repetidas passagens.

Essa condição da música como expressão da comunidade se modifica quando surgem a monarquia e a aristocracia.

É nas cortes que se pode encontrar pela primeira vez o conceito de profissionalismo musical, que traz como conseqüência a divisão entre música de classe alta, ou culta, e música do povo, ou popular. A música deixa de ter caráter e compreensão coletivos, deixa de ser uma expressão emocional, para transformar-se em expressão de caráter estético, com necessidade de público e de executantes profissionais.

Em nossos dias – segundo a opinião de Curt Sachs –, a música perdeu muitas significações vitais, no sentido pleno da palavra, fato comprovado pela quantidade de instrumentos, mais ou menos modificados pela habilidade popular, que hoje se nos apresentam, sem que reparemos neles para dar-lhes uma ou outra significação que transcenda a de tipo sonoro.

Por exemplo, as matracas, os guizos, os chocalhos, os zumbidores, os paus de entrechoque, os tambores (instrumental básico de um musicoterapeuta) são instrumentos utilizados geralmente por níveis infantis, sem que se suspeitem as suas origens, e com a idéia de que provocar um som com qualquer um deles é até vulgar e limitado.

Emoção

A Musicoterapia é o âmbito de recuperação do ato musical como fenômeno grupal, coletivo, gerador e veiculador de estados emocionais.

No decorrer da minha experiência como musicoterapeuta, foi tomando forma e conteúdo a (aparentemente simples) noção que se segue: o som resultante do ato expressivo funciona como espelho do interior. (Expressar: fazer pressão para sair, desenvolver uma pressão interior – *premere* – num movimento de exteriorização – ex-.)

Na relação terapêutica, os sons permitem que se erga uma ponte de comunicação pré-verbal, de expressão arcaica e concreta, relacionada com o "aqui e agora", comparando as dissonâncias entre o dito, o expresso e o vivido.

Através do jogo sonoro iniciamos um caminho em cuja extremidade se encontram a reparação e a reconstrução de um mundo presente-passado. Ou talvez somente o reconhecimento...

O jogo é o lugar imaginário no qual pode nascer a potencialidade criadora. Música, criação e emotividade são conceitos inseparáveis em minha tarefa (como músico, docente e terapeuta). Música como expressão emocional, sem necessidade de público e de executantes profissionais. Na música hindu, a palavra "raga" pode ser traduzida como "tingir de emoção" e, como assinala o Memorial da Música Chinesa, "se se produz uma nota, foi no coração humano que ela nasceu... o coração excita a música, a música excita o coração". A música tingida (colorida) de motilidade que expressa o próprio ser. "Movida" a partir das raízes da emoção.

Emoção como movimento expressivo do plasma (Reich); movimento pelo qual a matéria vivente se ex-pressa.

Emoção como sinônimo de pensamento energético essencial.

O homem se sente isolado no cosmos, não imerso na natureza, perdendo a profundíssima força emotiva que lhe proporcionavam essas relações simbólicas no passado. É necessário que o som coincida simultaneamente com a emoção. Ao estar "carregada" (emotivamente), a vibração sonora adquire um dinamismo e uma compreensão esclarecedora. Os sons desprovidos de emoção carecem de tecido conjuntivo. Estão vazios e sem valor. Eles adquirem vida quando se tem em conta a sua numinosidade, o seu significado e a sua relação com o indivíduo e seus afetos.

Na produção sonora é como se o nosso inconsciente procurasse resgatar todas as coisas antigas das quais, ao "evolucionar", a mente tentou livrar-se: ilusões, pulsões instintivas fundamentais, arcaicas formas de pensar, fantasias. Quando se comunica com sons, um paciente está ativando ressaibos do seu ser primitivo e primordial, bem como apelando para seus resíduos arcaicos, afetivos.

O âmbito musicoterapêutico é o lugar de reencontro com a grande simplicidade (a música de maior grandeza é sempre simples) e com a emotividade perdida.

É voltar a percorrer antigos caminhos.

Rumo ao começo...

"Os pacientes que chegam à Comunidade de Dia estão tão perturbados psicologicamente que, em muitos casos, se pensou que exigissem uma internação completa. A Comunidade de Dia é uma opção menos alienante que confia mais na participação dos pacientes no processo terapêutico e que propõe uma integração destes com a equipe, integração que é também a dos aspectos fragmentados do paciente, seu corpo, suas vivências e seu projeto de vida.

"Através do plano de cada dia, através da integração do sentido da semana, vai-se operando um resgate da lucidez e da coerência, que é um resgate do corpo, como experiência passível de ser compartilhada. Queremos dizer: a doença é também anomia. Impossibilidade de relacionar o que está isolado, dificuldade para permutar. Mais que no aparecimento de novos fenômenos, a enfermidade psicótica se baseia em focalizações, acentuações, separações, ampliações. O sentido volta a ser adquirido numa perspectiva não aterrorizadora quando o estranho é descoberto como comum, o isolado pode relacionar-se, o incomum deixa de surpreender.

"O grupo é o campo da experiência normalizadora. O coordenador de grupo deve atender à possibilidade de intercâmbio, à redução da ansiedade excessiva, com o que estará aproximando o grupo da neurotização. O terror já não destrói mais. Pode ser detido porque pode ser nomeado.

"O corpo é o lugar de expressão privilegiado da patologia psicótica em função da precocidade da gênese dessa patologia. Ele é também o lugar privilegiado da reparação da psicose. O que se escreve no corpo deve ser lido nele e a correção é também a correção do que ali foi inscrito".[1]

1. *Cuerpo y Psicosis en la Comunidad de Día*. W. Grimson, Esther Gonzáles Varona, C. Fregtman. *Actualidad Psicológica*, nº 58.

Comentários de pacientes

Propomo-nos agora a reproduzir os comentários dos pacientes relacionados com a Musicoterapia na Comunidade. Interessa-nos mostrar esses comentários porque são a bússola corretora de nossa atividade como coordenadores.

– Uma maneira de desviar tensões.

– Para mim, é uma forma de descarga física, uma cura por descarga física.

– É tocar algo que sinto.

– Sim, para mim é uma maneira de mudar a pessoa, de encontrar a moral, a conduta.

– Mais que a conduta, ajuda-nos a conhecer-nos.

– Às vezes não estamos de acordo quando a música é muito barulhenta.

– Pára, ou fraca.

– Ou quando alguém começa a gritar e a bater no pandeiro.

– Depende do estado de ânimo de cada um, suponho, para ele fraco, para mim ruidoso.

– Acredito que é expressar com som algo que uma pessoa tem em seu interior.

– Mas eu sinto uma rejeição, talvez por trabalhar com o grupo, esse é um dos meus problemas, lidar com as pessoas.

– Talvez o fato de fazê-lo com gente em volta produza em você alguma rejeição.

– Mas não se ajusta bem ao seu caso? Justamente se esse é o seu problema, para que você não mais o tenha.

– Relacionando-se.

– É enfrentá-lo.

– Acredito que há uma etapa de timidez, que o fato de fazer essa terapia é coragem para vencer a timidez que se pode ter em relação a certos movimentos.

– Ou a não saber tocar, não?

– Por isso, venho para distinguir a timidez e os gestos, e todos coordenadamente, os movimentos e a música.

– O som pode trazer-nos lembranças, tanto referentes ao futuro como à infância, pensando em algo que acontece ou que vai ocorrer.

– Interesso-me por encontrar um equilíbrio em meu corpo, não sei sequer como ficar de pé, um dia vou cair.

– Para mim, Musicoterapia é distrair totalmente a mente, pensar no que se está fazendo, enfrentar o problema que se sente.

– Para mim, por exemplo, no outro dia, quando fizemos assim, duplas, tocamos instrumentos e depois nos movemos como cada um sentira, fizemos toda uma história, que parecia uma coisa muito difícil de entender, porque parecia contraditório, acredito, unindo todas essas coisas, como, por exemplo, a morte, a crucificação, o nascimento de um menino, pensei em papai naquele momento.

– Tem significação o instrumento que cada um escolhe, penso, de acordo com o nosso estado de ânimo.

– O estado de ânimo, feliz e contente ao mesmo tempo.

– Ou com gestos quando você não consegue com palavras.

– É uma forma de trabalhar com o corpo, de dominá-lo mais, de ter mais confiança no próprio corpo, nos movimentos que se podem fazer.

– Houve dias em que você disse que fazíamos tanto barulho que não sabia o que estava acontecendo, e porque estávamos muito tensos por causa do que nos ocorria.

– Ou seja, era um tipo de descarga coletiva.

– Creio que uma pessoa às vezes acaba de passar por uma coisa muito triste e tem vontade de tocar um instrumento com menos melodias do que outro, por causa do que sente.

– Ou cantar, tem significação.

Outro dia. Outro grupo.

– A mim me parece que às vezes vem a calhar e às vezes não.

– Depende de como se encara a coisa.

– E da vontade que cada um tenha de trabalhar, mas no fundo é boa.

– Eu tenho a impressão que às vezes improvisamos muito e com isso mudamos o estado de ânimo.

– Creio que serve para diminuir as tensões da vida cotidiana e para que a pessoa procure comunicar-se, através da música.

– Até parece terapêutico.

– Parece-me *piola*, que quando você pode, diz o que viu em cada um.

– Por que lhe ocorreu?

– Para mim, o ideal seria que houvesse instrumentos mais sofisticados, e mais instrumentos, mais meios de expressão, e melhores.

– O importante é quem o toca, no ritmo de sua respiração.

– E o que tem a ver a respiração com tudo isso?

– Para descobrir coisas, ritmos.

– O que tem a ver o ritmo da música com o do teu corpo, o da tua respiração, como escutar tudo isso?

– Eu espero que me ajude a curar-me, que me permita liberar energia, que me permita expressar-me.

– Para mim parece uma idiotice.

– Para mim deu mais vida, mais sentido do ritmo.

– Comigo me acontece de às vezes me contagiar com o ritmo dos outros e não faço o que quero fazer.

– Surpreende-me que haja coisas que eu pensei que não poderiam sair.

– Consigo me descarregar bastante fazendo sons, tocando.

– Todas as vezes que faço música encontro uma fantasia.

– Gosto de brincar com a fantasia quando há música.

– A música sugere coisas, eu fantasio com esses "diálogos" sonoros.

– Podemos imaginar coisas que têm a ver com os problemas.

– Sim, por exemplo, não sei, ir a um castelo, e criar o clima de algo que ocorre a alguém.

– Por que agora não tocamos alguma coisa?

"Não soube mais qual era a fronteira
o limite do terreno
qual a circunstância
o termo, a forma
deixei de ver, saber, reconhecer
a luz nas pupilas quase cegas
minhas mãos deixaram de apalpar
outra coisa que não trevas
e as pontas dos meus dedos
ficaram estranhas
diferentes, raras
acreditei ter chegado ao final da função
já sem aplausos nem espectadores
ser pássaro, marionete, boneco
esparadrapo
turvo
roedor
até que após o máximo de obscuridade
chegou a luz
escutei uma vez mais minhas pulsações
e as pulsações foram dando forma
ao meu ritmo
e o meu ritmo se transformou em movimento
e o movimento em possibilidade
de aproximar-se
tocar o outro
estar contigo
reconhecer o gesto da alegria
e a música da tristeza
voltar a encher de ar os pulmões
ser uma flor
uma canção
uma pessoa"

Ricardo Grimson (junho/81)

Função do som e do movimento

Na Comunidade de Dia, o musicoterapeuta se propõe a oferecer um continente, um tempo e um espaço determinados que possam ser usados para "fazer". Um lugar em que, além da palavra falada, existam outros meios de intercomunicação, de relação, de expressão e criação. Uma tarefa com o predomínio do "fazer-ação" sobre o "dizer-falar", na qual os protagonistas são os corpos e os sons. Quando verbalizado, isso geralmente se refere ao feito. Pode-se verbalizar, e de fato com freqüência se faz, mas a nossa ênfase recai sobre o plano não-verbal.

Isso nos relaciona com uma noção fundamental: a função do som e do movimento em Musicoterapia.

Presenciei e supervisionei algumas sessões em que a música e o movimento atuavam simplesmente como meros "disparadores" de temas que logo eram "trabalhados" verbalmente.

Consideramos que essa forma de abordagem não utiliza de modo pleno o desenvolvimento técnico-operativo da concepção musicoterapêutica.

Deve-se procurar abordar sonocorporalmente os conflitos e a sua dinâmica. Sempre que possível, devemos tornar claros os emergentes através de instruções ou exercícios que atuarão como interpretações operativas da realidade. Propor um jogo ou uma sonodramatização determinados constitui, por si, uma interpretação do que acontece nesse momento na sessão. Evitamos as interpretações descritivas.

A música pode atuar como efeito de "gatilho" ou "sugestão" de lembranças quando o que se ouve desperta uma circunstância do passado. Mas o nosso inconsciente não é mero depositário do passado, contendo também as sementes de futuras idéias e situações psíquicas. Os sons podem agir como disparadores de pensamentos novos e idéias criativas, que, dessa forma, chegam à consciência.

O paciente não deve "conhecer" o seu problema, mas vivenciá-lo, representá-lo, como caminho possível para logo poder "sair" dele. O termo "sair" de um conflito é paradoxal, já que para nós esse sair implica uma visão e compreensão mais profunda, menos superficial; um "entrar" em vivência e um "sair" posterior. Um "entrar-sair" sempre com uma visão diferente.

Por exemplo, um paciente descreve a sua família.

Peço-lhe que escolha um instrumento musical que simbolize cada membro da família, distribua-os no espaço e, num segundo momento, os faça dialogarem sonoramente entre si.

A nossa visão se amplia.

Alguns elementos podem não concordar com o verbalizado no relato inicial. A dramatização sonora familiar, abrindo caminho através de rígidas estruturações defensivas, reflete papéis familiares distintos que correspondem ao plano imaginário.

Compara-se o expressado verbalmente com o expressado de modo sonodramático.

O pai autoritário, seguro de si mesmo, chefe da família, aparece representado por um instrumento pequeno, insignificante em sua função, de som fraco, impreciso. Ritmicamente, o paciente o sonoriza inseguro, apagado, tênue. Situa-o, em termos espaciais, perto da mãe, simbolizada por um instrumento grande e de som poderoso, etc., etc.

A nossa visão se amplia. O que se apresenta já não é o relato da mítica mascarada familiar, mas cenas vitais, carregadas de significações, mas relacionadas com os sentimentos.

O próprio paciente representa o seu drama familiar. Compara-o com a sua imagem inicial. Coloca-o para fora. Olha-o a partir de diferentes ângulos. "Entra e sai". A situação criativa, e não apenas as palavras do terapeuta, é a reveladora. A partir do trabalho criativo, o paciente pode refazer, consertar, reconstruir um mundo presente e passado, passar do caos à organização, reconstruindo assim a sua própria história.

Ray Birdwhistell resume em poucas palavras o seu peculiar ponto de vista sobre a comunicação humana: "Há muitos anos comecei a perguntar a mim mesmo: 'Como os movimentos do corpo fazem para representar as palavras?' Agora eu me pergunto: 'Quando se torna mais apropriado o emprego da palavra?' Elas são muito adequadas para se falar ao telefone, ou para ensinar, mas, neste instante, você e eu estamos nos comunicando em muitos níveis diferentes, e somente em um ou dois deles as palavras possuem alguma relevância. Hoje, a minha formulação é diferente. O homem é um ser multissensorial. Algumas vezes verbaliza."

Níveis em Musicoterapia

Num espaço definido por pacientes e terapeutas descrevemos três níveis de manifestação, de inscrição de um conflito. Três níveis que se expressam simultaneamente e que isolamos de modo arbitrário com o objetivo de desenvolver a nossa conceituação. Assim, observamos:

1) Linguagem Sonora (sons, ruídos, entonações, etc.).

2) Linguagem Corporal (gestos, posturas, trejeitos, tipos de movimentos, etc.).

3) Linguagem Verbal (o discurso do paciente).

O musicoterapeuta trabalha com a expressão integrada desses três níveis, ou "linguagens", e resgata o papel e a importância do corpo e de seus sons no processo terapêutico. Isso tem particular importância se recordamos que os pacientes a que nos referimos se caracterizam por um elevado grau de perturbação, que se expressa na ordem simbólica e, mais especificamente, no processo de geração do símbolo. O musicoterapeuta trabalha com modos de relação prévios à formação do símbolo, modos esses que nos remetem a estágios primários do desenvolvimento. À medida que o processo terapêutico evolui, ocorre uma passagem da psicose para a neurose, isto é, uma "neurotização": os pacientes adquirem maior grau de simbolização.

O grupo participa ativamente de improvisações, diálogos individuais e grupais, dramatizações sonoras, gravações, jogos de exploração de sons, etc.

O som resultante do ato expressivo funciona como espelho do interior.

A Musicoterapia é essencialmente uma terapia ativa. Inclinamo-nos mais a um âmbito criativo, no qual o paciente possa representar os seus próprios sons e ser o artífice do seu tratamento, do que a uma audição passiva de sons previamente preparados pelo musicoterapeuta. Essas técnicas podem ser muito ricas (sobretudo combinadas com as técnicas de "sonho dirigido") e são utilizadas, mas acreditamos que o importante é a "manipulação" do som pelo próprio paciente (a moldagem da matéria sonora).

A resposta evidente dos pacientes diante de gravações como produto grupal (gravação de material de sessão) se refere à auto-estima, ao prazer de escutar-se e reconhecer-se, com um conteúdo latente: a possibilidade de conservar e resgatar o que eles próprios produziram. Trata-se de um exercício de reconhecimento de modalidades próprias, que possibilita uma saída para a sensação de estranhamento. Com a gravação e a audição da música por parte dos pacientes ocorre um processo de projeção-introjeção no qual a melodia estruturada se torna, ao mesmo tempo, estruturante. Assim, para um processo esquizofrênico, esse é um caminho para a integração do eu. Numa personalidade psicopática, é um exercício de descoberta e de contenção.

Comunicação não-verbal

Sejam corporais ou instrumentais, na relação terapêutica esses sons permitem estabelecer uma ponte de comunicação pré-verbal, de expressão arcaica, concreta, relacionada com o "aqui e agora", confrontando as dissonâncias entre o feito, o dito, o expresso (sonora e corporalmente) e o vivido.

Estudos sobre a comunicação não-verbal (R. Birdwhistell, E. Goffman, A. Scheflen) chegaram à conclusão de que 75% de toda comunicação é não-verbal e de que, quando numa comunicação há duas mensagens simultâneas e diferentes, o sujeito atende mais à linguagem corporal que à verbal.

O homem é uma totalidade e, portanto, a sua forma de comunicar-se com o mundo ocorre através de vários canais simultâneos. Esses canais emitem e recebem sinais e mensagens, de maneiras conscientes e inconscientes.

Freud já tinha demonstrado a ambivalência das mensagens, entre o consciente e o inconsciente. Em 1956, Bateson desenvolve um estudo sobre as duas modalidades de linguagem empregadas pelo homem: a linguagem digital (a da transmissão de informação, a lógica consciente) e a linguagem analógica (a linguagem do corpo, baseada em matizes analógicos, que nunca afirma ou nega, e que pode contradizer o verbal e transcorrer de forma simultânea).

A comunicação não-verbal é mais que um simples sistema de sinais emocionais e, embora procuremos estabelecer uma comunicação puramente verbal, é muito difícil separar uma da outra.

A parte visível de uma mensagem é tão importante quanto a audível.

No caso da audição, muitas vezes a "forma" da mensagem verbal (entonação, ritmo, intensidade, textura) é percebida antes do "conteúdo". Decodificar essas mensagens é o trabalho que o musicoterapeuta se propõe todos os dias. Intuição, ressonância, olfato, imaginação, sexto sentido. Nós preferimos chamá-lo de "atenção flutuante corporal".

A percepção sensorial nos indica que algo existe, o pensamento nos diz o que é, o sentimento nos fala se é agradável ou desagradável, e a intuição, de onde vem e para onde vai.

Quando um paciente se apresenta com um instrumento musical, ele nos conta uma história e, na melhor das hipóteses, nos confia um modo de relação, uma chave musical que abre as portas do seu eu profundo.

Para que essa conjunção terapeuta-paciente possa ocorrer, é necessário que o musicoterapeuta se sintonize com o seu paciente, entre em ressonância na mesma freqüência e permita que algo flua entre os dois, os envolva e os transcenda.

Não deveríamos estudar essa comunicação como uma unidade separada (terapeuta-paciente). Estabelece-se um sistema integrado que deveria ser analisado em seu conjunto, atentando-se para o modo e a forma pelos quais cada elemento se relaciona com os outros (o espaço, o tempo de duração da sessão, o instrumental, o resto do grupo numa sessão grupal, etc., etc.).

Num grupo, quando surge um "foco sonoro", este é sustentado pelo fundo grupal. A percepção é simultânea. O fundo e a figura são inseparáveis. Sintonizar a figura emergente é captá-la em relação com a freqüência e o espaço grupal.

Há uma noção errada que postula como ponto culminante de uma comunicação o momento de sincronia nos ritmos do encontro (biológicos, sonoros, corporais).

Dizia-se que, se pretendíamos comunicar-nos com um paciente depressivo, melancólico, de tempo lento, "triste", era preciso utilizar uma música de características semelhantes: lenta, "triste", melancólica. Em certas ocasiões isso pode ser útil, mas não constitui uma indicação técnica geral. "Desde tenra infância, os ritmos básicos de um indivíduo afetam a sua relação com os outros. Durante toda a sua vida, será importante para ele vincular-se com pessoas que possuam ritmos de interação complementares aos seus." (Eliot D. Chapple.)

Portanto, a nossa meta é provocar uma complementaridade nos tempos, até encontrarmos um ritmo comum, mútuo e estável.

Quando falamos de ritmos, não nos referimos apenas ao ritmo musical, mas ao tempo ou ritmo da sessão, do encontro terapêutico, das instruções e intervenções, do movimento corporal, da interação humana.

O sentido humano do ritmo é uma disposição instintiva para o agrupamento de impressões sensoriais (recorrentes, precisas e vívidas) marcadas pelo tempo ou pela intensidade, ou por ambos ao mesmo tempo. A estrutura rítmica é uma estrutura coerentizadora e condicionante que subjaz à dinâmica grupal.

O musicoterapeuta está centrado na percepção – captação – da linguagem pré-verbal, sonoro-corporal. Atende a uma forma de expressão do grupo de pacientes e responde a essa proposta implícita. Ao fazê-lo, está encaminhando um processo, um "tecido de relações", e está desenvolvendo-o a partir da sua própria vivência ou visão holística (algumas vezes incluindo a "compreensão", mas não sempre) do que, em particular, o grupo expressou nesse dia na sessão. Embora seja óbvio para nós, queremos repetir: o musicoterapeuta não desenvolve um programa. Reage, propõe, intervém, intui, acompanha.

Instrumentos sonoros

Na sessão, o instrumental sonoro do musicoterapeuta (instrumentos musicais, gravadores, discos) adquire um valor relevante. Quando se ativam os instrumentos que atuam como prolongamento do eu, é o nosso próprio corpo que se move. Esse movimento dinâmico se projeta no espaço grupal.

A possibilidade de relação através do objeto sonoro pode transformar-se mais tarde num autêntico diálogo simbólico. O instrumento musical é um mediador na comunicação, um enlace transicional fundamental com o mundo exterior. Esse modo comunicacional sonoro funciona num nível subcortical, mais ligado com o inconsciente, não intelectualizado e racionalizado, que expressa simbolicamente tensões emocionais de forma direta e espontânea.

O instrumento musical pode ser usado de forma dinâmica (para produzir sons, ritmos, etc.) ou de forma estática (numa sonodramatização, por exemplo, os instrumentos são paredes, pedras ou pontes imaginárias).

Ao explorarmos as possibilidades acústicas de um instrumento, estamos explorando simbolicamente as nossas capacidades de criação e representação no espaço.

O instrumento musical funciona como receptáculo projetivo desde o momento de sua escolha espontânea e determina a distribuição de diferentes papéis dentro do grupo (existem instrumentos líderes e instrumentos de acompanhamento).

Eis alguns comentários de pacientes:

– Escolhi este instrumento porque acho que é barulhento e será escutado (pratos).

– Agrada-me a cor pálida que ele tem (maraca).

– Parece um chocalho, mas não de bebê (guizos).

– Porque é bem pequeno e passará despercebido quando o tocar (*chinchin*).

– É o último que restava (flauta).

– Com ele posso descarregar a minha raiva (bongô).

"O objeto intermediário sonoro permite estabelecer vínculos profundos que tiram o paciente do seu isolamento sem desencadear estados de alerta intensos." (J. G. Rojas Bermúdez.) Trabalhando com marionetes, Rojas Bermúdez observou que as mensagens obtidas pela marionete (objeto intermediário) recebiam uma resposta que não era conseguida diretamente pelo terapeuta, isto é, que, em circunstâncias especiais, os pacientes respondiam quando a fonte emissora não era humana. O denominador comum era o temor de ser invadido ou penetrado pela fonte emissora quando esta possuía as características humanas.

O objeto intermediário sonoro, dando prosseguimento às pesquisas de Rojas Bermúdez, pode ser definido como dotado das seguintes características (J. Alvín, *La M. T. en los niños autistas*):

a) Existência real e concreta.

b) Inocuidade: que não desencadeie "per se" reações de alarme.

c) Maleabilidade: que se possa utilizar à vontade em qualquer jogo de papéis complementares.

d) Transmissor: que, por seu intermédio, permita a comunicação, substituindo o vínculo e mantendo a distância.

e) Adaptabilidade: que seja adequado às necessidades do sujeito.

f) Assimilabilidade: que permita uma relação tão íntima que o sujeito possa identificá-lo consigo mesmo.

g) Instrumentalidade: que possa ser utilizado como prolongamento do sujeito.

h) Identificabilidade: que possa ser reconhecido imediatamente.

A partir da observação de diferentes grupos de Musicoterapia (não somente na Comunidade, mas também grupos de laboratório, grupos de formação, grupos familiares, etc.), registramos, no primeiro encontro de um grupo com os instrumentos musicais, dois tipos de "climas" sonoros bem definidos e diferentes.

O primeiro parecia responder a um fenômeno de regressão

grupal, social ou coletiva (filogenética) e possui características claramente primitivas, arquetípicas e tribais: pam - pam - tam - bo - res - pam - pam - rit - mo - da - sel - va - pam - pam - clã - ce - nas - de - sa - cri - fí - cios - pam - pam - ri - tu - ais - má - gi - cos - pam - pam - dan - ças - guer - rei - ras - pam - pam - co - mu - nhão - pam - pam - a - gres - são - pam - pam - cou - ro - pam - pam - pri - mi - ti - vo - pam - pam - bam - bam - bam - pam! Carl Gustav Jung, numa excelente introdução a um de seus livros, assinala que "assim como o corpo humano mostra uma anatomia geral, acima e mais além de todas as diferenças raciais, também a psique possui um substrato geral que transcende todas as diferenças de cultura e consciência, substrato que designei como o inconsciente coletivo. Essa psique inconsciente, comum a toda a humanidade, não consiste apenas de conteúdos capazes de chegar à consciência, mas de disposições latentes para certas reações idênticas. Sobre essa base se explica a analogia, e até a identidade, dos temas míticos e dos símbolos, assim como a possibilidade da compreensão humana em geral. As diversas linhas do desenvolvimento anímico partem de um tronco básico comum, cujas raízes se estendem ao passado. Considerando-se de maneira puramente psicológica, trata-se de instintos de representação (imaginação) e de ação comuns." (C. G. Jung e R. Wilhelm, *O Segredo da flor de ouro.*)

Esses protótipos inconscientes podem surgir quando a consciência depende mais das pulsões instintivas e do afeto, como ocorre no caso da improvisação espontânea com sons, do que do julgamento racional e da vontade consciente.

Pam - bam - bam - pam...
Pam - bam - bam - pam...
Pam...
Bam...
Pam...

O tempo da música vai "cedendo" espontaneamente. O clima se transforma e se nos revela com características regressivas infantis (ontogenética). Aparece a linha melódica em primeiro plano. O ritmo ou pulsação motriz passa para segundo plano e a melodia possui um maior conteúdo emocional e afetivo. Surgem as canções de ninar, os acalantos. Uma sensação de bem-estar, de relaxamento, sem desejos de mover-se, uma sensação de comunicação muito profunda.

Essas "regressões" não são senão relações mais primitivas e afetivas com o objeto sonoro e com o outro (estágio do objeto transicional).

Nesse momento, o musicoterapeuta deve "conter" através de uma base harmônica-melódica sustentadora, que induza ao abandono confiante do grupo, o qual poderá assim ir superando um período de ausência e indiferenciação primária simbólica, transformando-se esse momento, essa improvisação musical, numa situação prazerosa, que constitui o início de um processo reparador e conformador de uma identidade grupal.

Sons que remontam tão longe na história da humanidade e do indivíduo logo tocam as camadas mais profundas do inconsciente e possibilitam alcançá-las aí onde a linguagem consciente surge como totalmente impotente.

Sentimentos reprimidos

Um dos objetivos da nossa técnica é provocar e liberar sentimentos reprimidos.

Através da expressão sonora (batidas, gritos, cantos, ruídos) é possível liberar essas emoções retidas.

O procedimento pareceria não ser, de modo algum, simplesmente catártico, e sim, pelo contrário, um processo de abertura que possibilitaria analisar também as defesas psíquicas postas em jogo.

Os sons reprimidos geralmente estão bloqueados por tensões musculares que impedem a sua plena realização.

A concepção dessas idéias se insere nas formulações realizadas por Wilhelm Reich (1897–1957), o primeiro a efetuar uma verdadeira "leitura corporal" das tensões musculares crônicas e das expressões fixas do rosto e do corpo.

Reich concebe o homem como uma totalidade e, por conseguinte, afirma que o psicoterapeuta deve ocupar-se do modo de expressão total do paciente e de suas atitudes manifestas: a sua forma de andar, de falar, de sentar-se, de comportar-se, de gesticular.

"Reich acredita que, se dirigimos a atenção somente para o conteúdo verbal, a terapia é retardada e, com freqüência, entorpecida. Segundo ele, fecham-se os olhos para o que o doente expressa e diz: o modo de comportamento do paciente, a sua atitude, são pelo menos tão importantes, senão mais reveladores, do que aquilo que ele diz, sonha ou faz." (*Le Corps et le Groupe*, A. Schützenberger – M. Sauret.)

"Toda rigidez muscular contém a história e a significação de sua origem. A sua dissolução não apenas libera a energia, como também traz à memória até mesmo a situação em que ocorreu a repressão." (W. Reich, *La fonction del'orgasme.*)

Energia-som

Cremos que citar Reich, uma personalidade tão relevante no campo do trabalho corporal (e, portanto, sonoro) em psicoterapia, nos obriga a expor resumidamente, supondo que isso não constitua uma digressão, o nosso ponto de vista em relação à equação energia-som-ser humano.

Quando um corpo vibrante emite som, há energia posta em movimento. Ele emite energia. Os corpos e os instrumentos de música constituem emissores de energia.

Quando um grupo improvisa "musicalmente", a energia gerada circula entre os seus membros.

Esse fenômeno pode ser percebido quando se entra numa sala de concertos momentos depois de concluída a apresentação. Não é necessário estar demasiado treinado para "sentir" essa energia, essas vibrações que, a partir do cenário, envolveram todos os participantes e ainda perduram no ambiente.

Presumindo-se válidos esses conceitos, o som se revela como portador de energia e os instrumentos, como objetos amplificadores da energia do paciente.

Se, através de um veículo facilitador, um objeto intermediário musical, um paciente desencadeia uma determinada forma de energia, esta existe dentro dele e tenderemos a ajudá-lo a encontrá-la.

Numa sessão de Musicoterapia sempre há energia em circulação, pois circulam sons e movimentos.

Como terapeutas, deveríamos interessar-nos não apenas pela forma e pelos conteúdos da mensagem pré-verbal sonora, como também pelo seu caudal energético.

Assim como um "toque", uma pressão ou uma massagem podem servir como primeira fenda numa armadura caracterológica, é possível "pressionar" um indivíduo, com um "toque" sonoro, a liberar as suas emoções, o movimento e a expressão. Cada som ou vibração energética possui uma altura ou freqüência determinada e, portanto, ressoa numa determinada zona do nosso corpo, podendo chegar a dissolver bloqueios corporais e facilitar o fluxo de energia.

Para que se produza esse desbloqueamento a partir do som, é necessário que a emissão se realize numa intensidade elevada (cerca de 60 decibéis), sobretudo nas freqüências agudas, e que o paciente se localize a 2 ou 3 metros da fonte emissora, no mínimo, para permitir o total desenvolvimento da onda sonora no ar e a sua posterior ressonância corporal.

O leitor pode experimentar os princípios desse fenômeno com dois sons, um agudo (10.000 Hz) e outro grave (60 Hz). Perceberá que, ao final de certo tempo de exposição e audição, o primeiro entrará em ressonância com alguns ossos do crânio, "vibrando na cabeça" e provocando um ligeiro mal-estar. O som grave porá em ressonância a parte média do corpo, "vibrando na zona abdominal".

A energia humana recebeu diferentes designações através dos tempos. Recordemos. Na mitologia egípcia, dualidade Ísis-Osíris; na cultura e medicina chinesas, relação polar Ying-Yang; o dualismo platônico; o Maná e o Harrg dos índios do Pacífico; o Prana dos hindus; o chamado Fluido Vital dos alquimistas, Paracelso (1493-

1541); Isaac Newton (1642-1727) e seu fluido eletromagnético; Richard Mead (1673-1754) e a eletropsicologia; Freud e a libido; F. Antón Mesmer e o fluido vital universal; Bergson e o impulso vital; a enteléquia de Driesch; as energias biológicas específicas de Kammerer; W. Reich e a energia de orgone; o fluido ódico de Karl von Reichenbach (Odyle, 1845); Raios N de Blondot; energia pré-física de George de la Warr; energia elótica de T. Galen Hyeronimus; Oscar Brunber e sua energia biocósmica; energia psicotrônica, ou bioplasma, de S. Ostrander e Lyn Schroeder; radiações elétricas do corpo humano de Jacob Jodko Narkiewics; coroas kirlianas de Valentina e Simón Kirlian; Harold Burr e a teoria eletrodinâmica; a energia corporal de Valerie Hunt e Thelma Moss; Gustav Theodor Fechner e a energia mental, etc.

O corpo humano é um organismo que possui um sistema de circulação ou fluxo energético comparável ao sistema circulatório, sangüíneo. Os conflitos não resolvidos pressionam e impedem a livre circulação em certas zonas corporais, e em determinadas situações geradoras de ansiedade. O indivíduo fica paralisado. Não pode criar respostas novas que tendam a melhorar a realidade que o aflige. Não pode representar.

A partir da observação clínica deduzimos que o paciente modifica o seu nível de energia quantitativa em atividades expressivas, criativas, assim como de movimento e som.

Depois de 25 anos de pesquisa, Fedora Aberastury, criadora do Sistema Consciente para a Técnica do Movimento, assinala:

"Desse modo, fui compreendendo que o homem ocidental não possui a sua energia profunda como função espontânea, ou essa energia não age com todo o esplendor que corresponde à sua verdadeira natureza, porque estão obstruídas zonas muito importantes do nosso organismo, pelas quais deve passar todo um complexo energético vital... A evolução do homem ocorre em todos os aspectos e deve-se começar a buscar o caminho de libertação em diferentes campos. A expressão através do corpo (e a música é expressão corporal por excelência) também é um caminho de libertação. Uma nova linguagem expressiva em busca de um 'eu' mais profundo. Mas, quanto menos separados estivermos de nós mesmos, tanto mais poderemos encontrar-nos através do corpo. Também aí existe uma técnica que permite aprofundar mais o 'si mesmo'. Os artistas dessa Arte são verdadeiros mergulhadores que procuram chegar aos centros de energia e dar vida a novas concepções... O movimento é fluido de energia."

Esse potencial energético do ser humano deveria agir em benefício do processo de troca e crescimento. Ou, pelo menos, não agir contra ele.

Quando um sentimento reprimido é liberado, é mais provável que o paciente chegue a uma compreensão profunda de sua problemática, já que se encontra mais perceptivo, receptivo e "vulnerável". Ele pode verbalizar a sua vivência de uma forma renovada e intensificada.

Os trabalhos sono-energéticos podem provocar descargas e regressões profundas, devendo, por conseguinte, ser utilizados de modo prudente e controlado. Não se buscam "Shows" espetaculares. O trabalho sonocorporal em Musicoterapia está a serviço dos objetivos delineados pela equipe terapêutica interdisciplinar.

Todo o material que surge na sessão é continuamente retrabalhado a partir dos três níveis de ação da Musicoterapia: o sonoro, o corporal e o verbal.

Catarse

Com base em nossa experiência clínica, comprovamos que a produção de um som sempre é acompanhada de uma carga afetiva. Muitas vezes isso é difícil de ser detectado à primeira vista (ou à primeira audição), mas se encontra sempre presente.

Procura-se "ensinar" o paciente a conhecer os seus próprios sons, a ligá-los, articulá-los, buscando conseguir que os diferencie e possa dar nome aos afetos com que carrega cada um deles, entendendo que essa produção sonora pode relacionar-se com os seus conflitos.

Já observamos que o procedimento em Musicoterapia pareceria não ser, de modo algum, simplesmente catártico. Referimonos ao conceito de catarse como uma liberação de sentimentos inibidos e reprimidos. Essa liberação provocaria uma vivência afetiva intensa, que começaria a quebrar estruturas rígidas.

Consultando o dicionário, podemos ler que catarse é a "expulsão espontânea ou provocada de substâncias prejudiciais ao corpo" e/ou "eliminação das lembranças que perturbam a consciência, o sistema nervoso" (*Dicionário Durvan*).

Já por volta de 1938, J.L. Moreno, fundador do psicodrama e a quem devemos grande parte da herança da sociometria, da psicoterapia de grupo, do grupo de formação, do grupo de encontro, do *role playing*, da teoria da espontaneidade criadora, do encontro no aqui e agora, da interação grupal, da terapia por meio da ação, etc., nos ensina que a catarse deve ser acompanhada por algo que ele denomina "Working Through" – ou seja, "trabalho sobre si" ou elaboração posterior –, que promove uma tomada de consciência que tende a uma mudança de atitude. Uma "perlaboração" que permite metabolizar o catártico num processo terapêutico e chegar ao "insight" através de uma compreensão ativa da situação.

Os jogos, dramatizações que incluem sons, gestos, movimentos, assim como a utilização dos diversos instrumentos musicais, proporcionam uma canalização expressiva para o conflito particular do paciente e propõem uma abordagem diferente. Nos melhores casos, uma marca corporal foi compreendida, um afeto foi nomeado, uma canção foi encontrada, deu-se um passo a mais na resolução da doença.

Medo de participar

Nas sessões de Musicoterapia, assim como em toda abordagem que inclua técnicas ativas de mobilização e elaboração, costuma aparecer o chamado "medo de participar". Medo de soltar-se, de mostrar-se, do novo, de improvisar, de entregar-se. O paciente se sente invadido por ansiedades persecutórias e desordenadas. A resistência da consciência a todo o desconhecido e inconsciente, ignorando ou negando a mensagem do corpo e os seus sons, relaciona-se com o "misoneísmo", já existente nos povos primitivos e que implica um medo profundo e supersticioso da novidade. Como uma primeira hipótese, compartilhada com outros colegas, cremos que esse "medo" está ligado ao temor de exteriorizar o mundo interior através da música, coisa que costuma ser sentida como "deixar em liberdade os fantasmas" ou colocar-se em contato com a "sombra" (aspectos escondidos e desfavoráveis da nossa personalidade), povoada de tendências que nunca tiveram possibilidade de expressar-se.

Na falsa ilusão de que as emoções ou idéias contidas são interiores, privadas, o indivíduo muitas vezes gasta grande parte de suas energias em conter a livre saída dessas emoções.

Os sons, quando se exteriorizam, geralmente aparecem associados com idéias ou cenas que o paciente tem medo de expressar.

Certa ocasião, uma paciente em estado de mutismo, cujo elemento desencadeador era ignorado, ao escutar numa sessão um prato, começa a escrever: "-ruído-prato-forte-ontem-horror-basta-choque-automóvel-túnel-morte-". Evocando uma cena traumatizante (acidente automobilístico), ela a revive e bate com desespero no prato. Pela primeira vez em três meses, grita, chora e começa a emitir outros sons vocais.

Na sessão seguinte, ela narra o seu acidente e está em condições de chegar a outros planos diferentes de elaboração.

A paciente "entrou em ressonância" com esse som de prato, muito embora não tenha sido ela a executá-lo em primeiro lugar.

Na sessão, o "espaço sonoro" é compartilhado por todo o grupo. O som se propaga em todo o espaço e a sua direção não pode ser limitada ou unificada. A partir do momento em que há emissão sonora, tem início uma relação com o outro.

Observamos que os sons exteriorizados em geral se associam com cenas que o paciente teme expressar. A cena, da mesma maneira que um filme, inclui imagens, sons, personagens, interações entre eles, ritmos, afetos que entrelaçam, um espaço de desenvolvimento que inclui o espaço sonoro, diferentes ângulos de enfoque, "música de fundo", certo tipo de clima, etc.

O filósofo alemão Schopenhauer observou que uma música adequada que acompanhe uma cena, uma ação ou um evento, ou que os envolva, parece revelar-nos o sentido mais secreto deles.

Se os psicodramatistas pensam em cenas, pensaremos nós, os musicoterapeutas, em momentos ou seqüências musicais? É uma proposta.

Associações

Vamos ler e imaginar...

"cada um sentado num canto falavam pouco e as palavras pendiam no ar como ponte que tivesse sido bombardeada às vezes dois fragmentos de ponte como braços que não conseguem encontrar-se e o terapeuta com uma sensação de que deve unir e ao mesmo tempo sem conseguir dizer algo que possa unir todo denso úmido áspero o terapeuta se lembra da palavra curral e pensa clausura situação de que deseja sair e não consegue saber como se senta e percebe que está respirando rápida e superficialmente relaxa então se solta e lembra-se de tocar uma fita gravada chega a música e à medida que se desenvolve tem a sensação de que os olhares distraídos vão se focalizando e aposta que estão surgindo lembranças específicas relacionadas com o que acontece a cada um depois que a música acaba e percebe que os corpos adquirem outra postura mais ativa mais carregada e se pode começar a falar e o relato de um vai se unindo ao de outro e se assinalam coisas que completam e arredondam o de cada um e surge um ar de campo aberto e a nostalgia de ser livres e o terror da clausura como algo de que ao falar se toma distância é olhado é entendido um pouco mais percorreu-se um trecho a mais no caminho que leva da loucura à cura." (Ricardo Grimson, junho, 1981.)

Esse texto apresenta e "conjuga" vários pontos importantes. Um deles é o campo de associações do som.

Ao escutar um som, geram-se no ouvinte três tipos de associações, que podem se apresentar de forma simultânea: cinestésica, por conotação e livre.

A associação cinestésica é uma associação inevitável, produzida por algum tipo de semelhança física.

Os três elementos que intervêm são: a forma, a intensidade e a altura (em geral o timbre não tem muita importância).

Não há intervenção do cultural nem dos aspectos psicológicos individuais.

No caso de um som agudo, de 14.000 Hz, cuja longitude de onda é muito pequena, todos tendemos a associá-lo com algo pequeno. Produz-se uma associação por tamanho. Já os sons graves são associados com volumes maiores.

Os sons agudos são associados também com cores claras, enquanto os graves são vinculados com as escuras. Nesse processo intervém a quantidade de vibrações por segundo do som e a sua cor análoga. As cores emitem vibração de maneira bastante semelhante à do som.

A associação por conotação é determinada por apriorismos culturais. Ela se desenvolve no plano do geral. É possível detectar características de uma cultura através das conotações feitas com determinados sons.

SOM	CONOTAÇÃO
Nota de um piano	Piano
Sirene	Polícia-ambulância
Mugido	Vaca
Rugido	Leão

A associação livre não é determinada por apriorismos culturais. Ela se desenvolve num nível mais individual e se vincula diretamente com a história de cada ser humano, com as suas vivências e experiências pessoais.

Trata-se do tipo de associação mais trabalhada nas sessões, mas isso não deveria acontecer em detrimento das associações cinestésicas e por conotação, já que estas últimas constituem um vínculo com a realidade e com o meio circundante, vínculo fundamental em nossa tarefa (embora essas associações não sejam muito "atraentes" para a maioria dos terapeutas).

Em grupos familiares

"A melhor descrição de um paciente psicótico é dada pelas próprias palavras de um desses pacientes: 'Sinto-me como uma marionete que não consegue manejar os seus fios.' " Ao ver um dos terapeutas, ele lhe pergunta se é um titereiro. O psicótico não relata o seu conflito; expressa-o e, nisso, é mais franco que um neurótico. Os seus gestos, os seus atos e os seus movimentos são a sua linguagem real. No início de sua internação, um paciente tira os sapatos e as meias. Precisa comprovar a presença do dedão do pé. Depois se dirige ao banheiro, a fim de comprovar a presença de seus órgãos genitais. O dilema integração-amputação se expressa, desse modo, em linguagem corporal.

Outro paciente – dependente grave – sente que o seu corpo não tem limites e se perde no espaço. Ele não consegue contê-lo. Talvez em plena crise psicótica, quando o processo de simbolização está seriamente afetado, o "eu" volte a aproximar-se desse "eu" corporal que foi em seu início.

As sensações, percepções e vivências corporais são o ponto de partida das possibilidades de reencontro do paciente com os seus meios de expressão. Caminho para o entendimento recíproco. Nesse caminho, ele nos falará, com a sua fragmentação pessoal, de uma fragmentação que é também familiar.

Gisela Pankow revela que o drama de um esquizofrênico consiste no fato de que os pais, e especialmente a mãe, precisam do corpo do filho para se sentirem seguros dentro de sua própria pele.[2]

Em nosso enfoque comunitário de tratamento se incluem entrevistas de Musicoterapia com o grupo familiar do paciente. As entrevistas familiares constituem uma parte fundamental e instauradora da nossa estrutura de abordagem terapêutica. Partimos da idéia nodal de que uma pessoa "adoece" em família e, portanto, deve "curar-se" em família. Consideramos que a família é um sistema complexo de histórias, vínculos, acordos e mitos implícitos e explícitos em equilíbrio.

2. *Cuerpo y psicosis en la comunidad de Día.*

Quando, por alguma descompensação provocada por uma situação crítica (crescimento, emigração, acidente, etc.), se quebra esse equilíbrio, emerge um sintoma familiar e o seu portador será o "paciente identificado". Este, através de sua "loucura", denuncia a rachadura e inaugura um novo equilíbrio. Coerente em sua família, incoerente na sociedade; para alguns autores, o mais forte, para outros, o mais fraco; para nós, o motivo de consulta.

Nas entrevistas de Musicoterapia familiares se trabalha nas inter-relações existentes no sistema familiar. O que adoece não é viver em família, mas "como" se vive em cada família. O "como" alude aos modelos de relação e comunicação, bem como ao seu eventual enrijecimento. Esse enrijecimento leva os personagens de cada obra familiar a desempenharem sempre os mesmos papéis.

Disse Lao-Tse há mais de dois mil anos: "O homem, ao nascer, é flexível e tenro, mas, na morte, é rígido e duro.

"Quando jovens, as plantas são úmidas e sinuosas, mas, ao envelhecerem, se tornam secas e quebradiças.

"Desse modo, portanto, a ternura e a flexibilidade são sinais de vida.

"A rigidez e a dureza, em contrapartida, são sinais de morte."

Por meio de todos os recursos da Musicoterapia, exploramos, em primeira instância, como se "localiza" cada membro da família em relação aos demais, assim como o que o movimento de cada um representa e a sua repercussão nos outros. Através dos instrumentos musicais, do ritmo e dos diálogos sonoros, procuramos encontrar as regras de relação de cada família, regras que, por meio de sua estereotipada repetição, alicerçam o equilíbrio e inibem ou desqualificam diferentes formas de encontro.

"Se a família responde ao *stress* com rigidez, surgem pautas disfuncionais. Eventualmente, estas últimas impelirão a família para a terapia." (Minuchín, 1974.)

O musicoterapeuta familiar irrompe no campo familiar delimitando um novo contexto no qual se redefinirão os atributos da família.

No contexto de terapia familiar, a Musicoterapia é uma forma alternativa de comunicação que permite visualizar a problemática expressa através de modelos não habituais de relação (o corpo e os sons). O som comunica sem que haja o mascaramento defensivo das palavras. A família não fala "sobre" este ou aquele fato; mas, através da ação concreta, ela esclarece o seu funcionamento e permite que o musicoterapeuta atue sobre este, com uma interpretação operativizada numa instrução que, numa primeira instância, aponta para um "fazer" distinto versus um "dizer" distinto.

Coordenação

De acordo com o que já foi exposto neste capítulo, eu gostaria de descrever o nosso critério com referência à intervenção do coordenador nas sessões de Musicoterapia.[3]

Assim como o paciente se manifesta em três níveis, o sonoro, o corporal e o verbal – os quais podem chegar a reunir-se em duas áreas: a verbal e a não-verbal –, o coordenador deveria responder de acordo com as determinações da situação em qualquer uma dessas duas áreas. Mais ainda, acreditamos que o musicoterapeuta deveria intervir ativamente nas sessões através de sua integração nas improvisações e nos exercícios grupais sonoros, já que, "a partir do musical", podem ser representadas diferentes situações, tais como animar, romper estereótipos, apoiar, permutar, modular, regular, suavizar, conter, armar, ordenar, legislar, sugerir, guiar, assinalar, enfatizar, acompanhar, autorizar, dialogar, encaminhar, criar, etc.

No início da Musicoterapia, o nosso papel parecia destinar-se simplesmente a estabelecer uma boa relação não-verbal. A palavra era proibida para o musicoterapeuta. Ele não devia interpretar nem rivalizar com o "terapeuta".

Como era lógico esperar, reagindo a essa imposição "musical", os nossos colegas musicoterapeutas decidiram distanciar-se pessoalmente do trabalho não-verbal e só interpretavam e assinalavam

3. W. Reich considera que o verdadeiro terapeuta é o que trabalha "com" o doente.

(com palavras) aquilo que o paciente mostrava com o seu corpo ou na ação de manipular os sons.

Cremos que esses dois momentos foram passagens obrigatórias em nossa trilha de crescimento e evolução. É difícil encontrar o meio-termo e ainda estamos procurando uma verdadeira definição do papel e das possibilidades de intervenção do musicoterapeuta. Mas estamos chegando perto...

Assim como devemos estar atentos aos dados do nosso corpo (movimentos, emoções, tensões, etc.), para uma compreensão mais totalizadora da realidade grupal (atenção flutuante corporal), do mesmo modo deveríamos centrar a nossa atenção na própria produção musical no transcurso da sessão, conformando uma "atenção flutuante musical".

Quando consegue interagir musicalmente com o seu grupo, o musicoterapeuta funciona como antena receptiva e amplificadora das melodias e dos ritmos latentes, os quais, por sua vez, estabelecem correspondência com determinadas cenas ou situações imaginárias grupais.

"Conta Mustafá Larudin que, uma vez, Hifhé, o Teimoso, apostou o seu corpo como poderia atrair, com um pote de mel, quatro andorinhas. E perdeu. Porque nenhuma andorinha se aproximou da janela em que ele colocou o seu pote. E precisou pagar com o seu corpo a aposta realizada. E ele pensou que não lhe importava. Que não precisava do seu corpo. Até que começou a ser difícil para ele estar no lugar em que queria estar, dar a conhecer os seus gestos, os seus pedidos, ou reforçar com trejeitos as suas promessas. E, de tanto não ter corpo, começou a ser esquecido pelas pessoas. Ninguém o via, não acreditavam nele, não o reconheciam. Quase deixou de existir. Até que fez um pacto com as nuvens e prometeu cuidar das plantas, fazer crescer as flores, dar de comer aos pássaros. E então o seu corpo voltou para ele e ele recebe as andorinhas, dá-lhes mel em sua janela, sorri para as pessoas nas ruas, abraça os seus amigos, gesticula, carrega sacolas, faz amor e caminha pelo mundo contando a sua história àqueles que desejaram prescindir do corpo." (Ricardo Grimson, maio-1981.)

Emissão vocal

Consideremos agora um tema de fundamental importância em nossa tarefa: a emissão vocal e o grito como explosão catártica da personalidade.

A emissão e a exploração de sons vocais constituem dois possíveis caminhos de desbloqueamento de afetos reprimidos e arcaicos, transformando-se em processos de abertura que se orientam para a elaboração e a compreensão das defesas postas em jogo.

Quando o grito aparece, procura-se determinar a sua "procedência" (causa), assim como os mecanismos pelos quais se encontrava reprimido. Não se trata de um gritar por gritar, nem tampouco de um meio ou veículo "aliviador" de tensões. Em muitas ocasiões, é uma necessidade dentro do processo terapêutico. O grito provoca a recordação de momentos de angústia, agressividade ou sofrimento que devem ser "revividos" e "religados" com a história pessoal de cada paciente.

Quando nos referimos ao grito, incluímos aí outras expressões sonoras como rugidos, zumbidos, soluços, prantos, "grunhidos", guinchos, gemidos, queixumes e todo tipo de manifestações vocais-corporais que surjam espontaneamente na tarefa e que tenham certo grau de intensidade e compromisso afetivo.

Gritar não é fácil. O musicoterapeuta deve acompanhar o paciente de modo bastante próximo e "autorizar" a sua livre expressão assegurando-lhe o máximo de continência possível. Esse é um caminho que deve ser percorrido de forma gradual e com a ajuda do instrumento musical como objeto transicional intermediário.

Costuma acontecer que, numa primeira etapa, o paciente se vincula mais facilmente a algum instrumento de percussão como veículo catártico, instrumento que mais tarde abandona, utilizando apenas o seu corpo como emissor de sons, sem a presença de intermediários musicais.

Isso não é uma regra, pois também pode acontecer que o instrumento musical ofereça ao paciente a possibilidade de expressar-se com mais liberdade e desprendimento, mas recomendamos a exploração da emissão vocal na maioria dos casos.

O Roy Hart Theatre (Inglaterra-França) trabalha com o desenvolvimento do potencial humano através do grito, do canto (registros vocais de até três oitavas) e do som, com finalidades estéticas, teatrais e terapêuticas. Eles foram os primeiros a explorarem a voz humana em várias dimensões (filosófica, biológica, psicológica, sociológica, física e artística).

Roy Hart investiga as diferentes possibilidades de canalizar a voz humana e de "libertá-la de suas cadeias e ataduras". A voz é considerada como o meio ideal de colocar os sentimentos em contato direto com a sua expressão. "Cantar é uma necessidade", declarou Hart, e saber cantar é "o meio de conduzir a energia do cérebro para a zona baixa do corpo". Para o Roy Hart Theatre, a voz revela certos níveis de consciência diferentes.

A personalidade (per-sona, pelo som) se reflete no som de um indivíduo. Paul Moses estudou a relação entre a voz e a personalidade, chegando a conclusões assombrosas, e vários de seus discípulos asseguram que é mais eficiente e seguro reconhecer uma pessoa por sua "marca" ou gravação vocal do que por suas impressões digitais.

Lowen descreve três áreas possíveis de desenvolvimento de "anéis" funcionais de tensão que obstruem ou estreitam a emissão vocal: em torno da boca, na união da cabeça com o pescoço e na união do pescoço com o tórax.

No instituto dirigido por Daniel Casriel (EUA), a terapia se centra na concepção de que o grito pode revelar emoções não exprimíveis em palavras e os profissionais consideram necessário o grupo, o "gritar em grupo", como condição de tratamento (eles trabalham com grupos de viciados em drogas).

O autor de *O grito primal* (Arthur Janov) é considerado o inventor da terapia através do grito. Ele afirma que existem necessidades primais não satisfeitas, sofrimentos primais, bem como uma "cena primal maior" que instalaria a cisão na criança. A cura se assemelha a uma cura clássica: há uma centração em tensões interiores, insight, sobrevém a perda das defesas egóicas, expressão total e o grito "primal". A cura combina tratamento individual e grupal. O objetivo é a "reconexão" e ligação com lembranças armazenadas no inconsciente.

Na emissão vocal – e, evidentemente, no grito, emissão vocal por excelência –, projeta-se simbolicamente o eu no espaço.

"O grito está vinculado com o gesto; não se grita quando se está imóvel. Ele aparece espontaneamente quando o gesto é vivenciado em toda a sua intensidade emocional; o grito de alegria ou o grito de agressão (desafio ou intimidação). Distinguimos esquematicamente, já que há muitos matizes, o grito de chamado, que é desejo de ser reconhecido como objeto, e o grito de afirmação, que é desejo de ser sujeito. Gritar é dar a voz sem reservas." (A. Lapierre – B. Acouturier.)

Gritar é inundar o espaço com a minha presença. Muitas vezes gritar é sinônimo de vida.

Equilíbrio

Na primeira parte deste capítulo transcrevemos comentários de pacientes relacionados com a Musicoterapia.

Tomaremos um desses comentários como ponto de partida, a fim de expor o nosso enfoque no tema assinalado pelo paciente.

"Interesso-me por encontrar um equilíbrio em meu corpo, não sei sequer como ficar de pé, um dia vou cair."

O equilíbrio, a postura corporal, o "centro de gravidade" do nosso corpo, a estabilidade, são conceitos que podem ser abordados a partir de uma linha de pensamento que, em muitos pontos, se assemelha a uma visão procedente do antigo Oriente.

No Ocidente, numerosos pesquisadores em psicoterapia desenvolveram essa "influência do leste" e a incluem em suas abordagens atuais.

Moshe Feldenkrais sistematiza uma forma de trabalho baseada nas análises posturais, no equilíbrio corporal e na correta distribuição do peso do corpo.

Feldenkrais (ioga, faixa preta de judô) desenvolve um método que se baseia na relação psicossomática espírito-corpo-meio ambiente. No Primeiro Congresso Internacional de Psicodrama, ele declara que "toda pessoa ajusta a sua conduta de acordo com a imagem que tem de si mesma. Se deseja mudar a sua conduta, deverá mudar essa imagem. Não se pretende substituir uma ação por outra, mas se aspira à mudança do modo de ação: a dinâmica em oposição à estática. Nessa mudança, procura-se desligar o sistema nervoso de suas configurações compulsivas e permitir-lhe um modo de ação e reação não-habituais, modo vinculado à situação que a pessoa vive.

Ida Rolf, parcialmente influenciada por Feldenkrais, enfoca o equilíbrio corporal a partir do ventre como centro de equilíbrio. Por meio da técnica do "rolfing", relaxa-se a musculatura e se deixa que o corpo encontre a sua simetria natural. Ela procura suprimir as tensões através de massagens (com freqüência dolorosas) que buscam um reequilíbrio, um realinhamento e uma mudança na postura corporal. Nas sessões de massagens (Esalem) se evocam e revivem situações traumatizantes relacionadas com determinadas contrações musculares, aflorando lembranças e dores reprimidas.

Laura Shelen (Dance Therapy) adaptou e completou o sistema de Rudolfo Laban sobre notação para o movimento, e desenvolveu um método impressivo-expressivo corporal de liberação da energia por meio de um ajustamento do tom, de uma tomada de consciência da postura e do esquema corporal e de uma inserção consciente do corpo no espaço e no tempo. Assim como Charlotte Selver, ela parte de uma concepção do equilíbrio que toma como centro o ponto médio do ventre.

Também Lowen nos fala do mesmo núcleo de energia (situado no centro de um eixo que vai da abertura bucofaríngea à saída genito-anal), bem como da importância da postura, da posição da coluna vertebral e do equilíbrio sobre os pés (o enraizamento ou contato com o chão).

A partir de um centro de gravidade e de um centro respiratório e de equilíbrio, o Ocidente "amarra" o seu corpo ao redor do "porto" da cabeça e da respiração pulmonar.

O Tai-Chi-Chuan, assim como o Aikidô, o Judô, o Zen, o Kung-Fu, o Hara e o Ken-do, localiza o centro de gravidade e equilíbrio do corpo em torno do plexo solar.

A dificuldade reside no fato de que essas técnicas provenientes do Oriente foram concebidas por orientais e se torna muito difícil para nós, ocidentais, aproximar-nos de uma prática total e profunda das mesmas.

Como passo inicial, devemos despertar certas zonas de consciência que, como seres humanos, possuímos, mas que precisamos descobrir e desenvolver.

Na sessão de Musicoterapia, o ritmo atua como base de sustentação e de equilíbrio. George Leonard afirma que, embora nossas imperfeições sejam inúmeras, no fundo de todos nós existe uma "pulsação silenciosa" de ritmo perfeito, um complexo de formas, ondas e ressonâncias absolutamente individual e único, o qual, não obstante, nos vincula com as outras coisas do universo. O ato de colocar-nos em contato com essa pulsação pode transformar a nossa experiência pessoal e, de um modo ou de outro, alterar o mundo que nos rodeia. A busca do próprio ritmo, da pulsação, e a sua exteriorização através dos instrumentos musicais constituem um de nossos objetivos.

As conexões neurais entre o ouvido e os centros nervosos superiores ocupam no cérebro humano uma parte mais importante que as de qualquer outro sentido. O ouvido é o órgão receptor que mais intimamente se associa com a orientação geral do corpo. Além de responder ao som, ele se relaciona de modo direto com o sentido do equilíbrio e da direção, do qual depende o controle dos movimentos. Em nenhum animal, nem mesmo nos grandes monos, o ouvido ocupa um lugar tão central no ajustamento do organismo ao seu meio (S. Selden).

Conseguimos modificações posturais a partir do intenso trabalho rítmico-pulsativo. A possibilidade de abordar um esquema rítmico e de "abandonar-se" a este numa improvisação constitui um início no processo de modificação da percepção do nosso esquema corporal, relocaliza-nos espaço-temporalmente e atua sobre uma das maiores ansiedades do ser humano: o medo de cair.

Em 1945, W. Reich fez certas observações sobre a ansiedade da queda num bebê de três semanas, relacionando-a com a carência de contato físico com a mãe. Esta não o mantinha no colo pelo tempo suficiente.

Feldenkrais diz que o maior medo que uma criança pode experimentar é o de cair. Com certeza, esse medo está associado com o de perder a mãe (Freud, jogo do carretel, "fort" e "da") e o de "cair no vazio" (Lowen).

Já observamos que o ritmo funciona como suporte ou base de sustentação sobre a qual o paciente pode criar e improvisar sem medo de "perder-se" nele (cair). Com certeza, nas primeiras sessões ele precisará da marcação "rítmica" do musicoterapeuta (ou do grupo), que o "sustentará", o "embalará" simbolicamente, até que ele recupere o seu próprio ritmo, a sua confiança, o seu impulso, a sua energia.

"É necessário deixar 'cair' suavemente a criança para acostumá-la a essas sensações. É como um jogo." (W. Reich.)

Em nossas sessões, desenvolvemos exercícios que produzem uma sensação de "queda" e de perda da estabilidade, sem que, para isso, o paciente precise lançar-se ao chão.

Um exercício consiste em escutar, bastante relaxado e com os olhos fechados, uma música de estrutura reiterativa, de base rítmica e com uma marcação profunda da intensidade nas freqüências graves. Produz-se no ouvinte uma internalização do ritmo, uma vibração por simpatia com as freqüências baixas. O corpo se solta, se "abandona", e é "sustentado" e "embalado" pela música.

Interrompe-se bruscamente a música.

Silêncio.

Comentários: "sensação de queda – vazio – falta de base – angústia – ansiedade – afundamento – perda – medo da morte".

Repete-se várias vezes o exercício.

Sempre se interrompe o som de modo imprevisto. Os pacientes se soltam e até começam a desfrutar dessas "quedas".

Comentários: "a sensação é prazerosa – é lindo – é como mergulhar numa piscina – já não me dá tanto medo – o meu abdômen se solta – parecia-me que ia cair, mas o piso me sustenta – me descarrega".

Nessas condições, talvez seja possível passar a outros planos de elaboração.

Recordemos o que foi dito por Ruesch (1955): "O paciente deve conseguir experiência comunicativa num nível não-verbal antes de poder envolver-se num intercâmbio verbal."

"Entra fecha a porta aproxima-te estende-me a tua mão quero conhecer-te creio que a gente se conhece pelas mãos e que estas falam da história que cada um tem dentro de si peço-te que unas as tuas mãos às minhas e que as deixes contarem as tuas histórias essa é a maneira pela qual minha mãe me deu a conhecer as suas histórias e as histórias da sua mãe e é a forma pela qual te faço saber isso que as palavras por si sós não conseguem." (Ricardo Grimson, maio, 1981.)

Descrição de uma sessão

Vejamos uma sessão grupal de Musicoterapia, focalizando nossa atenção especialmente em Alberto, paciente que pela primeira vez comparece à Comunidade.[4]

Entramos no salão e nos sentamos em círculo. Alberto se senta um pouco mais atrás que o resto dos pacientes (há outros 8 pacientes). O seu olhar está fixo nos instrumentos musicais dispostos no centro do salão. Os seus companheiros se apresentam e ele não desvia o olhar.

Carlos (musicoterapeuta): Por que você não se "apresenta" escolhendo algum instrumento e fazendo alguns sons? Pegue o instrumento que você desejar e toque-o como você quiser à guisa de apresentação.

4. A sessão transcorre na Comunidade Terapêutica Vicente López.

Ele escolhe um raspador.

Toca: drr - drr - DRR - DRR - DRR.

Alberto: -me- faz- lem- brar- o- ru- í- do- de- u- ma- mo- to-. Es- tou- as- sus- ta- do-. Pre- ci- so- de- um- a- jus- te- de- mo- tor-.

Ele começa a tremer. O seu corpo está rígido. Ele acompanha os movimentos da cabeça com os ombros e as espáduas.

Por iniciativa de outro paciente – Julián –, eles improvisam juntos num bongô. Produz-se uma tentativa de aproximação através do som. Alberto responde de modo repetitivo, automático, sempre a mesma coisa e sem variar.

pam- bam- bam
pam- bam- bam
pam- bam- bam.

Julián: – Você estava me respondendo "mecanicamente".

Alberto: (Com voz muito suave, como se dissesse um segredo) – Preciso de um ajuste. Não regulo, acelero, não tenho direção.

Ele continua a tremer. Caem-lhe algumas lágrimas.

Perguntamos-lhe se está chorando e ele responde que não.

Aproximo-me, pego-lhe as mãos e ele aceita o contato corporal.

Alberto: – não- con- si- go- me- sol- tar- es- tou- ten- so- não- quero- ficar- a- qui- papai- tem- um- car- ro- mas- não- o- u- sa- es- tá- na- ga- ra- gem.

O seu discurso é monótono, as suas frases carecem de alterações no tempo do ritmo e a melodia da fala é monocórdica.

Carlos: (Imitando um carro).

-BRR - BRR - BRRUM - BRR.

Alberto: -BRR - BRR - BRRRRMMM.

Parece que representávamos uma corrida de carros, de motos. Outros pacientes se integram.

Alberto sorri pela primeira vez e pára de tremer. Sinto que me solto.

Os pacientes pegam instrumentos e começam a improvisar. Alberto escolhe uma harmônica e toca durante o resto da sessão. Quase sempre emite a mesma nota, da mesma maneira (ritmo, intensidade, duração) e com o mesmo caráter, embora o resto do grupo vá criando climas sonoros diferentes e contrastantes.

Assim termina a sessão.

Você se lembra, Alberto?

Sociedade e Loucura

Ricardo Grimson

> "Escreve as coisas que tens visto, e as que são, e as que depois destas hão de acontecer: o mistério das sete estrelas que viste na minha destra, e dos sete castiçais de ouro."
>
> *Apocalipse*, cap. 1, versículos 19-20.

Pedro chegou à comunidade cedo, um pouco agitado. Antes de entrar, olhou com desconfiança para os operários de uma construção contígua à nossa, os quais, segundo ele, o incomodam há alguns dias. Ele usa um walkman com os fones colocados sobre a cabeça. Quando lhe perguntamos sobre isso, Pedro nos explica que não funciona por falta de pilhas. Experimentamos o aparelho e vemos que está perfeito, emitindo música gravada de um programa noturno de freqüência modulada. Pedro tem uma relação pessoal, íntima, acusatória com a locutora desse programa. Crê que ela se dirige a ele. Um dia nos confessa: parece que meia Buenos Aires pensa que Graciela Mancuso fala para ele. Há um alívio mútuo, que se traduz numa maior fluidez no contato. A miscelânea de palavras que antes havia se transformou em conversas coerentes. Pedro tolera que se caçoe dele. Resgata o seu senso de humor. Ele iniciou um processo de reconstrução pessoal que não pode ser percorrido sem que desarme os andaimes de segurança de que se tinha rodeado. A falsa segurança de uma crença – às vezes chamada de delírio – protege ao mesmo tempo que deforma, cuida ao mesmo tempo que restringe, dá segurança e pobreza. É possível definir a tarefa da comunidade como sendo a de criar uma rede de cuidado que permita desarmar, parte a parte, a carapaça, reconhecer que esta produz uma paralisação do tempo (um presente contínuo) – portanto, uma amputação do passado e do futuro. Essa rede se vinculará ao estabelecimento de relações interpessoais entre a equipe e os pacientes. Parece-nos que o grupo, a equipe, o conjunto, permitem uma melhor assimilação da ansiedade excessiva. Eles oferecem uma melhor preparação para que se percorra o caminho da desalienação.

> "O indivíduo que difere de seus pares
> que perturba ou escandaliza a sua família ou a sociedade
> costuma ser acusado de insano, acusado de doença mental,
> e ser perseguido como enfermo.
> Este ato de psiquiatria preenche necessidades importantes."

> "Pernas azuis de mulher voar não?
> nem arvorezinhas cantar nem mundo feder?
> este ato de psiquiatria preenche necessidades importantes
>
> os javalis de ouro estão comendo Ivone."

Juan Gelman, "Necessidades", de
Hechos y Relaciones,
Lumen, 1980.

As nossas palavras muitas vezes mascararam, rodearam, disfarçaram a psicose. Elas refletem, de qualquer maneira, um esforço que se torna inútil na medida em que o inapreensível se faz inominável. Restam, é verdade, o esforço, a preocupação, a direção. E uma noção de erro cujo desenvolvimento nos deixa apreensivos. Grande parte do trabalho da psicologia e da psicoterapia foi realizada sem a incorporação da noção de erro aos procedimentos técnicos e aos esboços teóricos. No desenvolvimento da experiência comunitária, preocupa-nos afinar o barômetro que indique o equívoco, por parte da equipe, no estabelecimento do diálogo com o paciente ou com o conjunto de pacientes. Preocupa-nos também observar a pressa, o tom equívoco, a ambigüidade de uma formulação, a presença de uma exigência antecipada. O conjunto que observa o seu próprio andar pode perceber os seus equívocos e corrigir-se, ou procurar fazê-lo.

A poesia, a arte, a representação, sem o domínio da constrição, conseguiram muitas vezes refletir melhor isso que queremos apreender em nossos textos. "Não obstante, há método em sua loucura", dirá Polônio, surpreso de que o desvario de Hamlet tenha coerência. Aquilo que o surpreende ajuda-nos a buscar o sentido no sem-sentido aparente, volta a trazer-nos o enigma quando pensamos que ele já não existisse.

"Deus é antes de tudo nervo e não corpo", dirá Daniel Paul Schreber em suas Memórias; ele repete a sua afirmação, explicando-a e desenvolvendo-a. Novamente o problema do caráter infinito e da concreção do corpo. Contrapõem-se o desenvolvimento do "self" e o desenraizamento do corpo como uma das chaves que pretendemos abordar. E o fazemos a partir do corpo, a partir do seu movimento, do seu ritmo, a partir do espaço privilegiado do trabalho de reconhecimento do próprio corpo e do corpo do outro, das suas modulações, dos seus ritmos, dos seus movimentos, da sua linguagem polimorfa e imprecisa. O corpo deve ser abordado a partir do corporal – dizemo-lo sem temer o truísmo. A dança lainguiana deve ser vivida antes de ser falada.

Diz Ronald Laing em *Las Aves del Paraíso*:

"Começa a dança. Pouco a pouco, contatos. Lábio a lábio. Coração a coração. Encontrando-se no outro, com temor, às cegas, queimando... as notas se encontram em acordes, os acordes em seqüência, a cacofonia passa a um coro contrapontístico, a um diapasão de celebração..."

O ritmo dessas palavras, a dança que descrevem, sobrepõe-se em minha cabeça e algumas cenas filmadas de uma sessão de Carlos Fregtman com uma paciente que, desligada e obesa, está reclusa num canto. Carlos aproxima um xilofone e propõe uma nota, a paciente responde com outra, Carlos propõe uma seqüência de duas notas e a paciente propõe a sua, depois três e três, até que a seqüência se torna canção e o movimento da paciente se transforma em dança. Dança das palavras, dança da música, dança do corpo. E, em tudo, uma mesma intenção: a partir dos fragmentos buscar um encadeamento, a partir do encadeamento, um sentido, a partir do sentido, uma celebração. Festeja-se porque a destruição ficou para trás.

"A terapia resgata a história do indivíduo e da sociedade, e busca o caráter social do que fazer musical, o seu vínculo solidário, o seu relacionamento com o tribal, o ancestral, o compartilhado." (do Prelúdio a *Corpo, Música e Terapia*, de Carlos Daniel Fregtman.)

É possível enfocar a loucura de diferentes pontos de vista. Estamos perto de alguém que começa a nos parecer estranho. Percebemos que há uma agitação particular em sua respiração, um tom metálico em sua voz, um tremor excessivo. As suas frases começam por surpreender-nos, depois nos preocupam e terminam assustando-nos. De outro ponto de vista, encaramos o problema global da loucura, do seu tratamento. O caso individual e o problema social. As duas perspectivas produzem em nós fascínio, recusa, terror e curiosidade. Lembro-me de que, menino, passava sempre apressado perto do louco do bairro, não me detinha na casa dos ciganos porque eram diferentes, ficava impressionado com as mulheres vestidas com largas túnicas que contemplavam a passagem do trem, do qual eram às vezes observadas. O trem era o Ferrocarril Roca, o hospício, o das Mercedes. Anos depois, leria em Ingenieros sobre os loucos que acompanhavam os governantes na época de Rosas. Mais tarde ainda eu viria a conhecer esse e outros hospícios e faria uma opção básica: trabalhar para entender melhor o fenômeno da loucura no plano individual e social.

"Agora vemos em espelho
e de maneira confusa,
mas, depois, veremos face a face.
Agora o meu conhecimento é limitado,
mas, depois, conhecerei como sou conhecido."

1ª Epístola de São Paulo aos Coríntios, cap. 13, vers. 12.

Nos povoados e nos bairros o louco tem uma inserção natural no cotidiano, sendo conhecido e reconhecido. Isso imita o que ocorre nas tribos. Conta-nos Lambo que, entre os Iorubá da Nigéria, o louco é o feiticeiro da tribo, sendo-lhe atribuída a principal função social. Respeito pela loucura? Identificação de elementos de divindade na loucura? A loucura e Deus são com freqüência associados. Tocar a loucura é como atrever-se a tocar Deus. O louco é às vezes visto como um iluminado, como alguém que desvela o futuro. O descobridor, o criador, parece um louco, porque ameaça as nossas seguranças e certezas prediletas.

A urbanização não se compadece da loucura. Precisa isolá-la. Do bairro de casas baixas, no qual freqüentemente há pelo menos um louco por quadra, à região dos edifícios de apartamentos, em que não há nenhum louco que não esteja encerrado ou pelo menos isolado, percorremos um abrupto corte social. Esses dois tipos de engrenagem da loucura, em alguns casos separados por algumas quadras ou por um cruzamento de estrada de ferro, desenvolvem duas ideologias diante da loucura e determinam duas formas de tratamento. A engrenagem mais tolerante, que dá suporte à loucura e, em sua raiz, se relaciona mais de perto com o povoado, termina num sistema cooperativo e tolerante: a comunidade terapêutica. A engrenagem isoladora da loucura termina no isolamento hospiciário. Não é em vão que Alfredo Moffat nos fala dos modernos monoblocos da loucura que são os hospícios contemporâneos. Parece fundamental o aburguesamento social, o aparecimento do porteiro em sua função de polícia da imaginação. A passagem do saguão ao patamar tornou a propriedade mais privada e ninguém quer ser vizinho da loucura. Curioso fenômeno que isola os casos de loucura com atos loucos. Uma sociedade é mais sadia quando aceita os seus loucos. Em suma: enlouquecemos quando negamos a loucura dos outros, ocultando o terror pela própria.

Os hospícios foram aumentando à margem das cidades, mas, assim como os cemitérios, acabaram sendo devorados pelo crescimento urbano. As duas fontes de terror social foram inutilmente distanciadas, já que, tanto no social como no pessoal, as defesas contra a loucura e contra a morte são burladas pela capacidade de permanência que estas últimas possuem. Elas desaparecem para depois reaparecerem. A lembrança da nossa fragilidade está sempre próxima: a fragilidade do nosso corpo – que pode adoecer – e a da nossa mente – que pode enlouquecer. O meio social requer a presença dos cemitérios (culminação da doença) e dos hospícios (culminação da loucura) para definir, pela via negativa, a sua própria saúde física e mental. O abandono a que geralmente são relegados os hospitais, cemitérios e hospícios – inexplicável do ponto de vista de uma sociedade que se concebe como um conjunto integral que deve ser preservado em todas as suas partes – assume a forma do racismo social. Pretende-se tornar alheio o que é frágil, ou adoeceu ou enlouqueceu, como para preservar o mito da própria imortalidade. Contudo, a desorganização social predominante no mundo atual, o que Erich Fromm começou a estudar há muitos anos como a patologia da normalidade, pareceria exigir uma análise da capacidade da sociedade contemporânea no sentido de hipotecar o seu futuro. Fromm, seguindo um modelo instintivista, fala da presença de forças biofílicas e necrofílicas. Creio que os hospícios, a pobreza, o armamentismo, a guerra, o afã pela destruição dos semelhantes, ilustram, cada um por sua vez e no âmbito que lhe corresponde, algo que muitas vezes somos tentados a chamar de loucura social. Mas tanto esse termo como o enfoque da "necrofilia" parecem deixar de lado as explicações referentes à estrutura econômico-social que devem, necessariamente, ser integradas a uma conceituação das forças de loucura social existentes.

No campo específico da saúde mental, já na década de 50 Hollingshead e Redlich apontaram a relação existente entre o fator classe social e a produção e acumulação da loucura. As diversas classes sociais produzem distintas proporções de perturbações mentais e, como o seu tratamento está diferenciado por classes sociais, o resultado é que nos setores populares se originam e se mantêm mais psicóticos que nos outros estratos da sociedade. Isso significa que um pobre tem maior probabilidade de tornar-se psicótico e menor probabilidade de receber um atendimento adequado. A classe representa a acumulação das agressões ao longo da história de um indivíduo. Elas se antecipam à sua própria existência, instalando-se já em sua reduzida possibilidade de receber cuidados pré-natais, continuam com o nascimento e a infância e se prolongam numa incapacitação social crescente. Há um mecanismo social de esquizofrenização que consiste na acumulação de padrões nocivos de isolamento social e de deterioração do nível de vida. Mas não é suficiente a sua existência para produzir um episódio psicótico. É preciso ainda acrescentar-se a ele um *stress* particular, ou uma situação estrutural de desqualificação da conduta, nesse caso mediada pelo contexto familiar. Se o surpreendente é que nem todos estejamos loucos diante da enorme pressão social pela superficialização e materialização da existência, deve-se reconhecer que os mecanismos de preservação da normalidade – definida, neste caso, como a capacidade de manter o funcionamento habitual diante de pressões sociais intensas – consomem, através da dissociação e da negação, a energia humana que deveria ficar livre para o ócio, a fruição e a criação. Na maioria dos casos, sobreviver na sociedade contemporânea exige um preço em termos de riqueza de vida. Ocorre uma depredação da cultura entendida como o nível possível de aquisição, difusão e utilização dos recursos sociais. Embora vastos setores sociais sofram essa depredação, setores não menos significativos colaboram com a manutenção de modelos que, do campo da educação primária ao da informação pública, dão forma à tergiversação conceitual, ocultam os dados da realidade, favorecem uma ação soporífera e fragmentadora.

Não é casual, então, que muitas vezes a loucura encerre não tanto uma "criação" quanto os destroços produzidos pela luta que ocorre no ser humano e em sua relação com o meio social quando se procura fazer da criação, do resgate do próprio e significativo, da defesa da cultura e da história da pessoa um tema central. A loucura encerra o germe e o desenvolvimento possível de uma necessidade de buscar a localização certa da pessoa em seu mundo. Não é pela riqueza da loucura, mas pela pobreza do que a rodeia, que podemos afirmar que um delírio pode abrigar mais capacidade criativa do que a cultura dominante que a abrange. É verdade que, nos âmbitos da reclusão institucional, uma pessoa prefere os loucos a muitos daqueles que só sabem ser os seus carcereiros. E também é verdade que basta dar a essa reclusão uma possibilidade de expressão para que possamos dar forma a sociedades simples – as comunidades terapêuticas – que são capazes de curar: capazes de produzir pessoas aptas a entender-se, a entender a sua história e o seu futuro, a relacionar-se com a sua família e o seu trabalho. As pessoas fazem isso – embora nos surpreenda – melhor que antes de adoecer, o que nos leva a refletir sobre a enfermidade manifesta e a sua preparação larvada.

Muitas vezes ouvimos falar criticamente dessas experiências da parte daqueles que as avaliavam a partir da comodidade de uma poltrona ou de uma mesa redonda. São os que só contribuem com palavras. Não podem fazer outra coisa porque não pisaram, na maioria dos casos, os cenários reais da psiquiatria assistencial do país: os hospícios do interior, as colônias psiquiátricas, as clínicas de confinamento. A psiquiatria argentina foi escrita com nomes concretos: Hospital Borda, Colônia Vidal Abal, Colônia Federal, Hospital Roballos, Hospital Psiquiátrico de San Luis, Hospital El Zonda de San Juan, Hospital El Sauce de Mendoza.

Entre boas e más experiências, entre projetos e interrupções, entre desconfianças e ressentimentos, está fixada a psiquiatria que permanecerá a mesma por outros vinte anos se um esforço gigantesco e coerente (como o que só o Instituto de Salud Mental, na época de Julio Esteves e Oscar Oliva Otero, foi capaz de empreender) não proporcionar bases novas para as necessidades de transformação. Os "críticos de poltrona" diriam que não vale a pena desenvolver projetos adaptativos. Desse modo, eles protegem, a partir de uma posição cômoda, uma ideologia da desigualdade que nega aos outros o que reserva aos seus proponentes: o direito de sobreviver. Os que formulam a crítica à adaptação bem adaptados estão. O que eles não sabem é trabalhar com a argamassa da realidade e antepõem a palavra onde deveria haver corpo. Fica a metáfora em lugar da presença. E o processo de transformação da realidade no campo da psiquiatria somente poderá elaborar as suas metáforas quando tiver atestado realidades maiores e mais concretas.

A localização da loucura na sociedade se relaciona com várias coisas: por um lado, com o caráter crônico que as perturbações possuem (embora saibamos que, muitas vezes, isso é produto ou ênfase dos tratamentos); por outro, com o fato de afetar mais diretamente os valores de um conjunto social, do familiar ao mais amplo. A influência sobre esses valores tem a ver com a interrupção, ou pelo menos com a alteração, que a loucura cria no fluxo das relações habituais. O rotineiro, o corrente, o habitual, o previsível: toda a engrenagem das relações de ordenamento social de distribuição de poderes se vê controvertida pela presença de uma alucinação ou de um delírio. De uma resposta absurda. Transcendido o plano da surpresa e do humor (veja-se o papel do humor como defesa contra a loucura), cai-se no desconcerto. Começa-se a dissociar o ocorrido (como se não tivesse acontecido) ou a dar explicações *ad hoc* de sua presença. Dizíamos que, através da história, os loucos foram os feiticeiros da tribo: eis aí um exemplo de reordenamento do social. São muitas as vezes em que a história dá ao louco o papel de iluminado, de figura política ou religiosa transcendente. Aí opera a passagem da loucura pessoal para valor social. Um delírio se transforma em crença quando estrutura uma situação que está à beira da desorganização. Uma idéia irracional pode difundir-se como incêndio em campo seco e pode passar a ser sustentada e defendida por seus novos adeptos. Eis aí o papel estruturador da crença. Não estamos falando do seu valor, porque bem sabemos que em situações-limite as crenças irracionais foram a tábua de salvação daqueles que, sem adotá-las, teriam perecido. Bettelheim ilustrou bem o papel que teve na sobrevivência nos campos de concentração a convicção de sobrevida. Os sobreviventes do avião que caiu na Cordilheira dos Andes ilustram, à sua maneira, essa situação. A crença tem um caráter salvador que não pode ser mantido fora do contexto para o qual foi erigida. Algumas vezes a realidade se deixa arrastar por uma crença e Napoleão parece ter sido um mestre em manejar esse tipo de situações. Mas, por outro lado, a sua história também ilustra o desmoronamento das crenças. A passagem à desilusão, ao ceticismo, à paralisação. Sem crenças, não há processos históricos que possam ter resolução. Mas a crença não é suficiente; é preciso uma inter-relação muito particular entre as crenças como cristalizadoras das expectativas de uma época e a implantação de um projeto ligado ao real.

As crenças que são deformações ou ocultamentos da realidade têm em comum com a loucura o fato de serem expressão de necessidades e também de tenderem a soluções ilusórias. A ilusão, componente inicial de todo encontro com uma realidade que se busca modificar, deve ceder lugar à experiência de vínculo real; o subjetivo precisa ser substituído pelo objetivo.

A loucura é uma proposição de crença, ilusória e impossível. Quando parece que abrirá novos caminhos de exploração, que terá seqüência numa criação, ela produz uma interrupção antecipada. É o desmoronamento do edifício que foi construído sobre uma fragilidade que se pretendeu negar. *Creio que a fragmentação intuída é o motor da loucura, que o seu veículo é uma crença, e o seu final o ceticismo que marca o isolamento.* Os loucos acabam sozinhos, separados, desligados. A perda do contato tomou o lugar antes ocupado pela sobreatuação. É por isso que a reparação é possível quando a "sociedade de loucos" – o nome que demos, em Lomas de Zamora, à nossa comunidade terapêutica – é ativada de modo a assegurar o cuidado dos seus integrantes e a possibilidade de eles desenvolverem capacidades bloqueadas. No desenvolvimento da loucura sempre há uma paralisação da atividade em algum campo. Isso pode ser dito de outra maneira: o aumento da sintomatologia se traduz numa perda da socialização. Trata-se de aquele que ocupa o papel de agente terapêutico saber qual é a sua função. Grande parte do drama da situação assistencial da psiquiatria no país se relaciona com a ausência de programas e de concepções adequadas. Uma prova disso é o fato de que a Colônia Federal, seguramente o maior reservatório de capacidades terapêuticas que se conheceu no país, não dispôs de grandes recursos. Teve, sim, grandes idéias. Por outro lado, o nosso Centro Piloto do Hospital Estévez, quando sofreu intervenção, deixou de ser o que era porque, embora continuasse contando com recursos adequados, não teve uma idéia diretriz nem um programa. Precisou ser abandonado porque não se soube concebê-lo. Uma vez mais, no país, se destruiu por destruir. Há amplos setores para os quais a destruição consiste num objetivo em si mesmo. Eles não podem contrapor nada. Então destroem. Assim destruíram a Universidade de 55 a 66, brilhante em sua concepção, em seu nível e em seu desenvolvimento, que não foi seguida por nada comparável. Ficou monolítica no passado, como uma lembrança que não pôde ser superada. O nosso Centro Piloto, a Colônia Federal, o Hospital Roballos e tantas experiências parciais foram melhores que os seus destruidores. Exemplos importantes, é verdade. Marcos no caminho para uma sociedade que será democrática se conseguir estabelecer a discussão como medida das diferenças, sã se tolerar a sua cota de enfermidade e digna se der aos problemas a melhor solução que os seus meios, as suas pessoas e os programas que desenvolver puderem alcançar.

O papel do psiquiatra-psicólogo diante da loucura é o de criar um espaço e uma situação em que a imaginação perturbada possa desenvolver-se sem assustar, expandir-se sem atemorizar, questionar-se sem ferir. Sem assumir-se como bruxo nem reduzir-se ao papel de especialista em sintomas, ele deve produzir um ato terapêutico, ou seja, uma ação que não se reduza a palavras com a qual possa acrescentar algo ao que está ocorrendo. Não se trata de ele saber mais. De que a sua teoria seja comprovada. Trata-se de que os outros sofram menos. Se isso não ocorre, não há *terapia* e, para nós, o tratamento da loucura é antes de tudo uma terapêutica. Uma modificação das condições presentes do sofrimento que, ao se encadear com o que ficou para trás e com o que se projeta para o futuro, torne significativa a situação presente e desnecessária a sua apresentação sob a forma de sintoma. O psiquiatra-psicólogo deverá renunciar às sabedorias para ser operador eficiente no campo da loucura, que implica o sofrimento do paciente e daqueles que o rodeiam. A carreira médica prepara mal esse profissional, na medida em que patologiza demasiadamente o modelo de desenvolvimento da doença e oferece modelos lineares inadequados. A medicina fracassa por estar demasiado ligada à sintomatologia.

A carreira de Psicologia também o prepara mal. Se a desvinculação entre a Psicologia e a Medicina é um passo importante, isso ocorre porque a desmedicalização separa o problema psicológico de uma conceituação enclausurada e reducionista, baseada no modelo anatomopatológico. Mas falta ainda integrar a Psicologia como ciência do comportamento. Se se complementar a formação psicológica com fundamentos sociais e antropológicos, bem como com um estudo real das instituições, o psicólogo poderá chegar a ser um especialista em organizações. Ou se preparam psicólogos para instituições ou para o isolamento. A proposta atual não tem saída e leva à imitação dos psicanalistas. A psicologia, desse modo, é um mero esoterismo desvinculado da realidade. Creio – e nisso sou confirmado pela minha tarefa de capacitação de psicólogos formados e formandos – que é preciso buscar a *socialização* da Psicologia e do papel de psicólogo. E que não vale a pena uma faculdade que capacite mal no que se refere a aspectos da psicologia individual, escapando assim de sua função historicamente mais significativa. Hoje, os serviços públicos que têm psicólogos conseguem esse serviço por refluxo, por excesso de oferta. Eles não sabem como receber, formar e aproveitar esses profissionais. Creio que a etapa individual da psicologia está esgotada e que, ou se planeja para as próximas décadas, ou se induzirão as pessoas a uma formação para a qual não haverá exercício possível.

Obter o desenvolvimento das capacidades terapêuticas de uma pessoa não é intuição nem postura. Implica o amplo desenvolvimento de um processo que ela cursará com êxitos e fracassos e que poderá ir ajustando a sua certeza na medida em que os fracassos puderem ser avaliados e processados. A lenta, árdua e difícil tarefa de formar um terapeuta não poderá ser rápida nem deverá ser esquemática. Gerações sucessivas de terapeutas surgiram de diferentes enfoques conceituais que os isolaram numa visão do problema mesquinha e deformante. A tarefa é problematizar e diversificar a formação num enfoque que sempre se fixe a avaliação de resultados como eixo de retificação.

> "... e a luz brilha nas trevas, mas as trevas
> não a apreenderam."
>
> *João*, cap. 1, vers. 5.

Abordamos a psicose como um drama cultural porque ela afeta o *indivíduo* no fundo da sua intimidade, na sua capacidade significativa, em suas percepções, em seu isolamento. Tudo isso sugere uma consideração particular. Mas, ao mesmo tempo, essa afecção do individual produz um acúmulo de casos tão grande que pode ser considerada uma *praga social*. Digamos uma vez mais: um em cada mil argentinos ocupa cronicamente uma cama psiquiátrica e a metade desse contingente foi diagnosticada como esquizofrênica.

Um tratamento da psicose deve produzir programas que sejam individualmente terapêuticos e socialmente significativos. A esquizofrenia afeta o indivíduo, as suas relações e a sua situação histórica. Produz uma amputação do tempo, uma paralisação dos significados, uma interrupção das relações. Cada um desses vazios voltará a ser preenchido com alucinações, delírios, distorções. Serão as tentativas de reparação do dano, que se fez presente como perda ou carência. Um abandono real e efetivo (uma privação ambiental objetiva, diz Winnicott) terá se instalado como paralisação do desenvolvimento e como fragmentação dos graus de integração atingidos.

O que terminamos reconhecendo como *loucura* é uma desesperada tentativa adaptativa cujas premissas foram tergiversadas, cujo desenvolvimento pode até ser lógico e cuja conseqüência é a alienação social. A psicose – produto de um abandono social – terá feito da sua origem o seu destino. A sociedade retomará, num plano social, o que produziu no nível individual: com isso dará permanência ao que começou sendo pedido. A necessidade de vínculo terá dado lugar ao isolamento.

Pensamos que a psicose:

a) É uma *alteração transitória*, isto é, que em muitos casos o estalido psicótico expressa uma crise que não encontra outro meio de expressão. A função da terapêutica é dar ao episódio – a partir do conhecimento de suas raízes – uma canalização mais adequada. Em muitos casos é possível decifrar a crise no âmbito social imediato: o grupo familiar. Isso leva a uma concepção estratégica para a terapêutica da esquizofrenia: abordar sempre o grupo familiar e desenvolver condições para o tratamento que se proponham a tornar desnecessário o incremento da crise com vistas a encontrar outros caminhos e outros planos de resolução do conflito.

b) *Expressa linhas de conduta culturalmente validadas*, que são determinadas pelo nível sócio-econômico, pelo nível cultural e pelo tipo particular de crença que o grupo social sustente em relação à idéia de adoecer e curar. Ainda assim, estes serão pontos de apoio que deverão vincular-se à idéia de que a doença mental implica sempre uma dessocialização. Outro elemento a ser integrado numa estratégia da cura é o de que esta última implica sempre uma ressocialização. Os conjuntos sociais com baixa participação social de seus integrantes em organizações formais ou informais tendem a ser mais rígidos, têm menos amplitude de resposta a situações novas, são mais estereotipados. A cura não implica o retorno evocativo às formas de participação social originais de um grupo, mas sim a aquisição de novas formas de participação. No caso dos pacientes crônicos, isso ficou claramente demonstrado no país pelas experiências de Raúl Camino, Alfredo Moffatt e Miguel Vayo.

c) *Ocorre num membro de um grupo*; assim sendo, não é correto pensar que um episódio psicótico aconteça num indivíduo isolado. Tampouco parece satisfatória a repetida idéia do "emergente do grupo", idéia que deve ser superada por uma conceituação interacional que inclua o aparecimento dos mecanismos de repsicotização do grupo. O conceito de delegação de papel é sempre aplicado depois dos fatos. Não se desenvolveu ainda uma conceituação teórica suficientemente inclusiva para dar conta de antemão do aparecimento de uma crise psicótica. Em contrapartida, a implantação de mecanismos de repsicotização de um membro numa família se torna campo de observação privilegiado da clínica.

d) *Irrompe como disjunção ou descontinuidade*, razão por que há um corte do mecanismo de "determinação" grupal. O episódio ilumina uma causalidade que, até então, não era aparente, invocando um olhar externo e uma escuta diferente. A consulta pode pretender eliminar a crise (é o que pretendem os tratamentos convulsivos e o excesso de psicofármacos) ou pode explorar a crise em suas formas de expressão, raízes e desenvolvimentos. A "verdade" de uma psicose está sempre contida em seu texto, ainda que não possamos entendê-lo. Não é tanto que ela seja incompreensível; nós, que entramos em contato com ela, é que não somos bons entendedores.

e) *Introduz novos elementos* vinculados ao poder criativo que todo episódio psicótico possui. Esses elementos devem ser desarmados numa significação que muitas vezes se torna elíptica ou condensada, precisando, além disso, ser entendidos como a preservação, por parte do paciente, de suas capacidades de ligar, associar, combinar e perceber. Nessa preservação deve ser buscada a manutenção das capacidades egóicas, e não apenas uma eventual deterioração.

f) *Causa impacto no contexto*, já que é exercitada sobre um grupo com o qual interage, mesmo nos casos em que o sintoma apresente características "negativas": autismo ou isolamento. Através desse impacto, ela busca a sua transcendência, o seu desenvolvimento de identidade, a sua alternativa para a desestruturação. É aí que inscreve o seu texto.

g) Tende a *propor uma identidade* do *self* e da situação que se define como resgate a partir das margens da aniquilação. Isso desenvolve a idéia do desaparecimento da pessoa. Há sempre presente uma morte egóica intuída num episódio psicótico.

h) Isso parece reeditar uma *perda de identidade* atual ou prematura, perda que pode ser encontrada como *leitmotiv* de um desenvolvimento vital no qual partimos de uma privação ambiental objetiva.

i) Essa proposta de *identidade* tem um caráter *mal estruturado e provisório*, isto é, a fragmentação subjacente não se resolve senão em termos parciais.

A partir desses elementos que tomamos como traços distintivos e orientadores do enfoque diagnóstico e terapêutico, podemos dizer que a comunidade terapêutica é uma *estrutura* que se contrapõe à desestruturação psicótica, propondo uma totalização dos aspectos afetados pela doença com o resto das capacidades pessoais. A comunidade aceita a situação psicótica como declaração de uma necessidade de resguardo. Ao desenvolver a sua tarefa, ela se propõe a si mesma como objeto, ou seja, não é uma instituição que olha o paciente (objetivando-o), mas que olha a si mesma no processo de olhar o paciente. O fato de que a obtenção de uma comunidade terapêutica seja um ideal leva o processo a ser sempre revisado, em seus acertos e em suas imprecisões.

A sociedade atua sobre a loucura como produto social por meio da marginalização, do isolamento, do abandono. Os propósitos públicos de cuidado terminam por conduzir à deterioração. Devemos entender que, incluído nesse processo, está o projeto ilusório de fazer desaparecer a anormalidade. Aquilo que não é como deve ser deve desaparecer e, no caso de resistência, é preciso degradá-lo até que se torne irreconhecível. É que a alteração, a variação, se apresenta diante da *normalidade insatisfatória* como um desafio. Há muitíssimo mais fundo de verdade na loucura do que na alienação cotidiana, mais aventura no delírio do que na burocracia, mais frescor na alucinação do que no bombardeio pobre dos meios de comunicação social.

Precisamos construir uma sociedade na qual os lugares de cuidado psiquiátrico estejam a serviço da reparação, porque, caso contrário, esses lugares se transformam em lixeiras sociais da imaginação.

As comunidades terapêuticas são os lugares que nos parecem integralmente mais adequados para essa tarefa de reparação, de cura, de cuidado. Mas, ao lado da criação de comunidades terapêuticas, será preciso haver uma melhoria do panorama geral da assistência em psiquiatria, porque é melhor uma boa clínica tradicional que tenha como objetivo não ser repressiva, ou um hospital que dispense bons cuidados (como houve no interior do país), que um monobloco hospiciário. Voltemos ao que pedia Florence Nightingale: "Primum non nocere" (o principal é não danificar).

Em Busca da Unidade Criadora

Diana Sirotzky e Carlos D. Fregtman

A idéia central que aqui desenvolveremos tem como eixo o seguinte: uma concepção global dos seres humanos e do seu ambiente; a idéia de que a dinâmica dos seus conflitos se manifesta em diferentes planos e de modo simultâneo, razão pela qual podem ser, e é desejável que sejam, abordados em vários deles, facilitando a vertente expressiva e lúdica, empregada espontaneamente pelas crianças, sempre operativa em nossa experiência clínica e cuja importância teórica foi desenvolvida por D. W. Winnicott, assim como as vertentes de movimento e som, que, como sabemos, eram utilizadas por todas as culturas primitivas como veículo de equilíbrio e saúde;[1] a utilização de recursos expressivos para identificar e desenvolver o conflito, principal porta para uma verdadeira elaboração; a noção do inconsciente em forma grupal e individual; e, por último, a nossa permanente mania de procurar, relacionar, investigar e extrair contribuições de outras linhas teóricas e de diferentes campos do conhecimento.

Esse é o estado atual do nosso pensamento, que surge da constante reflexão sobre a nossa tarefa concreta, das nossas leituras e da nossa própria aprendizagem.

As nossas tarefas atuais são:

– Psicoterapia de grupo.

1. "O que a consciência nunca poderá apreciar sem ajuda (sem ajuda da arte, dos sonhos e coisas semelhantes) é o caráter sistêmico da mente." (G. Bateson.)

– Grupos de formação de terapeutas.

– Reflexão sobre o nosso trabalho.

Trabalhamos em co-coordenação com pequenos grupos, sendo especialmente estimulado em nossa tarefa o potencial criativo do grupo. Utilizam-se a dramatização, a discussão, o jogo, a interpretação, recursos gestálticos, técnicas de Musicoterapia e o movimento a serviço da expressão.

Múltiplas técnicas de abordagem no tratamento da psicose. O corpo, o som, o grupo em movimento...

Procuraremos mostrar aqui, através de alguns exemplos clínicos, o processo dinâmico do nosso pensamento e a nossa maneira de aproximar-nos do paciente e de sua problemática, registrar o que acontece e escolher os modos de atuação adequados.

A nossa tarefa, que freqüentemente recorre a técnicas sonoras e corporais de profunda mobilização, exige do terapeuta a capacidade de suportar a intensidade daquilo que mobiliza e acompanhar o paciente durante esse percurso. No início desse processo pode acontecer:

a) Que o paciente tenha flexibilizado as suas defesas e entrado na dinâmica dos seus conflitos, numa primeira abordagem do conhecimento de si mesmo. Esse momento constituirá uma grande conquista e um bom ponto de partida para a seqüência do processo.

b) Que o paciente tenha adquirido uma compreensão parcial, através do vivencial, e possa abordá-la por si mesmo, falando, remetendo-se ao que viveu e descobriu em sua relação grupal e com o terapeuta.

c) Que o paciente precise do diálogo com o terapeuta.

d) Que se produzam modificações na relação indivíduo-grupo. Essa relação remete à inserção histórica do paciente em seu grupo familiar.

O desenvolvimento desse tema consta de três partes:

Parte 1: Momentos no processo do trabalho com uma oligotímica.

Parte 2: Sessão na qual se vê um grupo passar de um período de desintegração caracterizado por sentimentos e intensas ansiedades confusionais a um momento de integração e conformação de uma "identidade" grupal.

Parte 3: Processo interior do terapeuta entre o momento de perceber e o momento em que consegue constituir o seu pensamento e resolver a ação operativa: atenção flutuante corporal.

S.O.S. – Susana ou simbiose

14 anos; oligotímica; marcado atraso em sua evolução mental e psicomotora. Idade mental: 3 anos. Modalidade de contato viscosa; condutas bizarras. O pai morre quando a paciente tem um mês. Ela nunca quebrou a simbiose com a sua mãe, que voltou a casarse quando Susana fez 5 anos. Faz dois meses que Susana está internada numa clínica de atenção comunitária.[2] Normalmente permanece em sessão estendida no chão ou perguntando repetidas vezes: "... Quando vamos embora?", "... Quando vamos embora?..." Não aceita o contato corporal, nunca tocou um instrumento sonoro nem realizou uma tarefa no âmbito terapêutico.

Vamos tomar alguns momentos de sessões grupais onde seguiremos de modo particular a evolução da paciente.

Sessão A

Faz dois meses que Susana comparece a esse grupo. O grupo (10 pacientes) começa a sessão improvisando espontaneamente com instrumentos sonoros (metalofone, pandeiro, maraca, raspador, tumbadora, bongô, etc.).

2. As sessões têm lugar na Clínica Gradiva (1977-1981).

A sessão se desenvolve a partir daquilo que os pacientes trazem. "A partir do" grupo e não "a partir de" uma tarefa imposta pelos terapeutas. O objetivo é desdobrar, desenvolver, amplificar o que aparece no grupo.

Susana me pede um instrumento pela primeira vez: o metalofone; experimenta alguns sons. Eu toco o bongô. Susana o pede a mim e começa a tocar com gosto. Aproximo-me e começo a tocar o outro tambor do bongô. Cada um de nós toca numa parte do instrumento. Eu, com uma das mãos, toco o tambor dela e, com a outra, o meu. Ela me imita: tem início um diálogo sonoro em espelho. Eu dou uma batida, ela dá uma. Eu dou duas, ela dá duas. Eu arranho o couro do tambor. Eu, ela, eu..., ela..., eu..., ela...; o instrumento funciona como objeto intermediário. Possibilita a relação. Improvisamos por um momento os dois juntos. Transladamos a zona intermediária para o âmbito corporal. Modifica-se a qualidade do objeto intermediário (bongô).

Percuto em suas mãos e ela nas minhas. Os nossos próprios corpos – Eu/ nosso/ ela/ único/ eu/ corpo/ ela/ somos/ eu/ um/ ela – são agora os instrumentos. Batidas, apertões, carícias, sorrisos, cumplicidades, modos de relação que a nossa cultura tende a esquecer ou a reprimir.

– Eu/ batidas/ ela/ apertões/ eu/ ritmos/ ela/ carícias/ eu/ sorrisos/ ela/ cumplicidades/ eu/ nós/ ela.

Quando terminamos, Susana comenta: "... Às vezes tenho medo de que minha mãe morra..."

A partir dessa seqüência, inferimos que Susana repetiu, na relação com o terapeuta, a modalidade do vínculo que tem com a sua mãe, "simbiotizou" com ele; obviamente, ele não é a mamãe. O contexto é outro, facilita o acesso à discriminação. Quando se percebe a si mesma nesse processo de discriminação e individuação fora de sua mãe, Susana teme a morte desta e a sua própria (sentimento característico do rompimento da simbiose) (J. Bleger).

Seqüência.

– Não toca instrumentos sonoros (não existe).

– Toca sozinha (é).

– Vincula-se através do som (relaciona-se).

– Aceita contato corporal.

– Fala (teme a morte da mãe e a sua própria). Entra em crise a relação simbiótica. O temor começou a deixar de atuar.

Sessão B

Susana é acusada de roubar. Roubo de biscoitinhos. Roubo de alimentos, de afeto. Poderíamos pensar: ela rouba afeto porque não o tem; onde está? ... qual é o seu lugar? ... o que lhe pertence?

Susana descreve os quartos de sua casa e quem os ocupa. São três quartos (Q1 – Q2 – Q3). Propomos-lhe que nos mostre dramaticamente, com a ajuda de seus companheiros, como é a sua casa.

Cena 1

Q1 – Mamãe Cristina e padrasto Roberto discutem.

Q2 – Irmão.

Q3 – Susana com a avó. Susana recorda que a avó morreu há alguns meses.

Cena 2

Susana diz a Roberto que pare de brigar com a sua mãe. Ela os separa e se coloca no meio.

Cena 3

Cristina e Roberto abraçados. Susana volta a separá-los e se coloca no meio. Depois de alguns instantes, retira-se anunciando que voltará. Dirige-se ao almofadão que simboliza o quarto de seu irmão e lhe diz que já são grandes e que não precisam brigar. Volta a olhar sua mãe e Roberto (que falam em voz baixa por indicação do terapeuta). Diante dessa cena de intimidade, ela, em lugar de invadi-la e rompê-la, decide imitá-la. Propõe ao irmão que falem devagarinho como eles.

O processo grupal se desenvolve no plano do mundo imaginário. A dramatização da situação imaginária permite o acesso à diferenciação.

Sessão C

Um dos terapeutas se senta diante de Susana e a imita. Sua postura, seus gestos e sua maneira de falar. O lema é trabalhar em espelho. Susana tem um impacto e procura afastar-se. Com a cabeça baixa, balbucia insultos. Um paciente se dirige ao terapeuta-espelho e este lhe responde: "diga-o a ela". O jogo se inverte. Agora Susana é a que imita. O terapeuta vai adotando posições com maior energia muscular; endireitam-se as espáduas e a cabeça; os pés e os braços deixam de tomar a postura grotesca adotada anteriormente, passando à posição anatômica; as suas palavras começam a tornar-se mais inteligíveis. Susana diz: "Não quero mais ser assim" e se imita a si mesma, caricaturizando a sua postura anterior.

A possibilidade de ver-se refletida permite que ela perceba vivencialmente a sua imagem corporal.

"Sentir outra pessoa é um processo empático. A empatia é uma função da identificação; isto é, identificando-nos com a expressão corporal de uma pessoa, seremos capazes de colocar-nos em seu lugar e de procurar entendê-la. Podemos, além disso, chegar a sentir como ela, embora não o que sente, já que as emoções são algo privado e subjetivo. Cada um sente o que ocorre em seu corpo, mas não no do próximo. Contudo, como todos os seres humanos são iguais em suas funções básicas, os corpos podem ressoar na mesma longitude de onda. Quando isso ocorre, os sentimentos que se produzem no corpo de um indivíduo são semelhantes aos que se produzem em outros." (A. Lowen, "The Language of the body".)

Para conhecer outra pessoa, podemos começar por imitar a sua expressão facial, os seus gestos, identificando-nos com ela, para depois perguntar-nos: Que faria eu em seu lugar?

Da desintegração ao aparecimento do corpo e da identidade grupal

O grupo passa por um longo período de desintegração caracterizado pela emergência de ansiedades confusionais e persecutórias (cerca de duas semanas). Uma paciente – Ana María – se queixa ininterruptamente: "... liguem o ventilador... está calor... liguem o ventilador". Fala-o num tom inexpressivo e monocórdico. A paciente se encontra num estado quase catatônico. Liga-se o ventilador, mas ela continua: "... liguem o ventilador... está calor..."

O grupo começa a irritar-se: "Fique quieta, você não vê que o ventilador está ligado,... cale-se..., ... você não nos deixa trabalhar". Ela continua. O grupo começa a unir-se diante do mal-estar causado por Ana María.

Para começar, vemos duas linhas: a primeira é ocupar-se de Ana María. Decidimos adiar essa opção e priorizar a segunda: trabalhar com o grupo, que, depois de um longo período de desintegração, se uniu no protesto.

As pessoas propõem fazer música para encobrir a voz de Ana María. Escolhem instrumentos de percussão e tocam, encontrando um ritmo comum. Isso não acontecia há várias sessões, em função da desintegração reinante. O fato é percebido por nós e por eles, que comentam: "... parecia uma bateria..., ... saiu com tudo no lugar..., ... que concerto..., ... sim, tinha corpo..."

Ana María pára de falar e olha para seus companheiros.

A improvisação sonora, como produto grupal concreto que excede a soma das partes, permitiu a seus membros o início de um processo de despego da solidão e do isolamento. Os instrumentos servem como veículo de encontro, o ritmo, como linguagem facilitadora.

Nesse momento, deixamos de ver o grupo "desintegrado", percebendo uma organização. "O grupo vai tomando corpo."

Propomos: "... e se entre todos fizermos um corpo?" Vários membros se levantam e o formam; uma paciente é a cabeça, dois pacientes, o tronco, dois, os braços e dois, as pernas. Os que estão fora animam-nos: "como ficou bom..." E, como alguns dos que participaram queriam vê-lo/ver-se, oferecemo-nos para substituí-los um por vez, para que pudessem sair e contemplar esse corpo humano-produto grupal.

Estimulados pela participação dos terapeutas, os que não haviam desempenhado nenhum papel se oferecem também como membros substitutos. Cada parte verbaliza o que sente. Surgem diálogos entre uma perna e a outra, entre a cabeça e o tronco, etc. Depois, as partes começam a realizar ações: os braços aplaudem, as pernas caminham, o tronco respira, circula energia.

Alguém propõe que se corra e as pernas começam a fazê-lo: os braços acompanham com um movimento adequado, o tronco começa a respirar e a cabeça ofega; "... que cansados", diz um pé; "estou muito agitado", afirma o tronco e a cabeça concorda, "agitada e me doem os ovários". Tronco: "não temos ovários". Cabeça: "e o que temos?" Silêncio. Tensão no grupo.

As duas pernas, a instâncias da direita, decidem formar a "terceira perna", unindo um braço ao braço do outro. Há gracejos, mas o grupo se distende. As pessoas conseguiram uma definição, uma passagem do não-ser ao ser. O grupo tem vida, tem força.

Há energia em todo processo de vida, movimento, sentimento, pensamento. Sem energia não há vida. Não estamos acostumados a pensar a personalidade em função da energia, mas se trata de dois valores que não podem ser dissociados. A quantidade de energia que tem o indivíduo, o grupo, bem como a forma como é usada, são significativas e nos permitem conhecer o seu modo de ser no mundo.

A estrutura e organização imaginária é uma constante coerentizadora e condicionante, que subjaz à dinâmica grupal, constituindo a região de encontro, afluência e confluência das fantasias individuais e grupais.

Perceber, sentir, pensar, fazer em sessão: contratransferência?

"O grupo está em silêncio, os membros estão estirados, muito voltados para dentro, quase autistas. Estou sozinho – isso é sentido por eles e por mim. Não, eles me deixam sozinho. Não, creio que se sentem abandonados. Como era aquilo que li outro dia sobre a fortaleza, ou muralha em volta do corpo? Aproximo-me? Digo-lhes... ou procuro promover encontros entre eles?... Que cheguem a elaborar a solidão através dos encontros. Quanto tempo se passou?... às vezes perco a noção do tempo com estes pacientes. Sim, isso de tempo imanente. Tenho vontade de gritar-lhes. Sinto-me sozinho, lembro-me da minha solidão... A partir daqui começo a entender. Vou propor que..."

O processo interior do terapeuta entre o momento de perceber e o de conseguir constituir o seu pensamento e resolver a ação operativa exige algo que denominamos atenção flutuante corporal. O terapeuta está atento aos dados dos sentidos e ao fluir de suas emoções e associações.

Para nós, uma forma de crescer consiste em estar em contato com o nosso corpo e entender a sua linguagem. Gestos, sons, movimentos, ritmos, texturas, posturas, funcionam como espelho e reflexo do interior.

"Mas sempre escolhe o mesmo instrumento, por que será? será que o som lhe agrada? Ufa! Começou a bater, chega! O que está me dizendo, comunicando? O grupo se angustia. Interrompo-a ou não? Não, não posso interrompê-la. Preciso sintonizar-me nessa onda. Droga! Continua batendo nesse tambor. Faz seis sessões que bate nele sem parar. Atordoa-me, gostaria de tapar os ouvidos. Parece-me que encontro uma pista aí, no aturdimento. Dizem os musicólogos que o tambor, o couro, se relaciona com a fecundidade, com o ventre materno e com a guerra. Aí está, a guerra, a descarga das tendências agressivas; e o aturdimento? Atordoa-me. O que a atordoa? O que a angustia? Creio que está se defendendo, embora pareça atacar-nos. Mãe, angústia, medo, estou começando a sintonizar-me."

Querido paciente:

Em contato com você, sentimo-nos impelidos a percorrer diferentes caminhos, no início dos quais poucas vezes temos noção do lugar para onde nos dirigimos. Entrando às cegas, a lógica ainda não nos ilumina. Abandonamos a cômoda tentação das hipóteses. Se nos valemos da lógica para dissipar a confusão, corremos o risco de limitar os caminhos, de converter você, de convencê-lo, instalando em você a nossa compreensão da situação, sem permitir o desenvolvimento da sua realidade. O meu argumento é correto, o seu, equivocado. Não estou vinculado com você, mas sim com as minhas hipóteses.

Mas há uma possibilidade de aproximação diferente, na qual não preciso provar a validade dos meus pensamentos. Estou relacionado com você, disposto a ajudar no seu crescimento, assistir à sua transformação, possibilitar o seu renascimento. Como um jardineiro, estou disposto a regar as suas regiões vitais, aquelas com as quais você realmente conta para crescer, crer e criar. Nesse momento do caminhar, o que venhamos a dizer-lhe não é tão importante como a maneira através da qual estivermos com você.

Esta última frase revela a nossa intenção e a nossa vontade. Explorar um vínculo.

LABORATÓRIO DE FORMAÇÃO

A proposta desta experiência é trabalhar dois dias seguidos, 6 horas em cada. Dez terapeutas estagiários e dois coordenadores.

Um dos objetivos desse laboratório é levar os alunos a iniciarem um contato com o seu próprio corpo e com as sensações e percepções que tiveram de si mesmos, relacionando-se, tanto quanto possível, com os seus estados de ânimo, a fim de poderem questioná-los, vivenciá-los e reconhecê-los. Desse modo, eles poderão visualizar um ponto de partida para prosseguirem o seu trabalho de crescimento.

Como observamos anteriormente, para nós, uma forma de crescer como terapeutas consiste em estar em contato com o nosso corpo e entender a sua linguagem. Com essa premissa, procuraremos, passo a passo, construir a nossa atenção flutuante corporal.

Primeiro dia.

Grande nervosismo do grupo na sala de espera. Vinte e cinco minutos depois da hora marcada um dos membros ainda não havia chegado. Dada a situação de tensão, decidimos começar ali mesmo e naquele momento.

Proposta: Que cada um escolha um companheiro e lhe diga: o meu medo é... e conto-o para você porque...

No começo da experiência, como é habitual, se manifestam as ansiedades persecutórias e confusionais dentro do grupo de trabalho. O "medo do ridículo" é a forma particular pela qual esse grupo expressa as suas ansiedades.

Decidimos construir, com os elementos que havia ali (roupa, sapatos, vasos, etc.), um "boneco ridículo", deixá-lo na sala de espera e entrar no salão.

Nele propusemos um exercício para "ir se conhecendo" (aquecimento não-específico) e que permitisse desenvolver outras maneiras de utilizar a percepção, "o olhar", "o ver".

Cada um vai para o centro e diz o seu nome, enquanto os outros devem dizer-lhe:

Se fosse um animal, você seria...

Se fosse um vegetal, você seria...

Se fosse um trabalho ou profissão, você seria...

Se fosse um objeto, você seria...

Depois eles deviam utilizar as imagens e o percebido para imaginar (ou saber) todo o possível da história de cada um.

À medida que eles foram ganhando confiança, as imagens se tornaram mais completas e a percepção mais profunda. Eles conseguiam realmente "adivinhar". Isso lhes dava prazer.

Um dos participantes comenta: "Pensei que fosse um jogo."

Outro responde: "É um jogo, mas um jogo levado a sério. Você viu tudo o que apareceu jogando?"

E. Pichon Riviere: "Considero que, para se fazer ciência, é preciso ter feito, previamente, muito jogo."

Do Dicionário Appleton's:

Jogar: Tocar, executar, tanger, soar (peça ou instrumento). Mover a peça de algum jogo, fazer, desempenhar, dar, representar, brincar, divertir-se, ondear, ondular, recrear-se, entreter-se, gracejar, flutuar, pôr em cena, fazer uso de.

Jogo: Jogada, recreio, drama, comédia, peça, função, representação, espaço livre, liberdade de ação, movimento ligeiro e rápido, reflexo de cores e luzes.

Jogador: Ator, cômico, comediante, representante, tocador, executante, músico, instrumentista.

O jogo é o lugar imaginário no qual pode nascer a potencialidade criadora. É a primeira etapa na formação, já que possibilita a abertura de canais novos, corrige projeções e facilita associações. Os afetos que aparecem no jogo passam a constituir depois objeto da experiência.

Aluno: "Vocês viram o que apareceu jogando?"

Coordenadores: "Sim, jogando..."

Apresentação com instrumentos sonoros:

Pusemos os instrumentos no meio da sala. A proposta era que cada um escolhesse um instrumento para se apresentar. Um a um, eles os faziam soar.

O instrumento musical favorece um jogo de projeção e identificação de aspectos parciais da personalidade de cada um.

Depois, lhes perguntávamos: "Por que você escolheu esse instrumento e como soava?"

"Porque me cabia na mão e soava devagarinho. Porque me fez lembrar um tambor que havia na vitrina da lojinha quando eu era menina e que eu nunca me animei a pedir, e soava mal, estridente."

Estela começa a tocar com dificuldade. Em seguida, pára e diz: "Não consigo, não consigo."

Perguntamos: "O que está acontecendo com você?"

"Não-con-si-go-to-car-e-não-que-ro-es-cu-tar-mais!"

O coordenador (percebendo a ansiedade persecutória da aluna) se coloca atrás de Estela e lhe diz: "Parece-me que vejo algo assim (dedo acusador). Como você vai tocar? Você vai se sair mal. Não seja ridícula. Não a quero escutar mais (dublagem)".

Estela nos "empresta" a cena com o personagem desqualificador persecutório e "circula" livremente pelo grupo. Conduzidos pelos coordenadores, os participantes do laboratório começam a "multiplicar", a dramatizar cenas que ressoam em suas próprias histórias e constituem visões diferentes, que esclarecem e totalizam a visão monocular e parcial da protagonista.

De "Las escenas temidas del coordinador de grupos" (H. Kesselman, E. Pavlovsky, Luis Frydlewsky): "Pegamos cada 'pedaço' da cena para extrair dele algo como uma fotografia ampliada, de tal maneira que, em lugar de reduzir-se às relações pré-históricas, essa cena começa a multiplicar-se, a enriquecer-se com o olhar, o ouvido, as atitudes, os sentimentos, as reações e as palavras dos outros. Tal como nesses salões de parques de diversão cheios de espelhos que nos devolvem a nossa imagem exagerada, caricaturesca, em diversos pontos do nosso esquema corporal, causando-nos às vezes medo, às vezes risos, mas na qual é difícil reconhecer a imagem que nos é devolvida todos os dias pelo espelho branco e que, não obstante, nos representa."

Espontaneamente, os participantes pegam os instrumentos musicais e começam a improvisar. Há dois "focos sonoros" claros no grupo. Por um lado, um grupo que soa apagado, sem ritmo, sem força, e que pode ser interpretado como triste ou "melancólico", com predomínio de instrumentos melódicos; e, por outro, um grupo mais rítmico, forte, com instrumentos de percussão, mais seguro no manejo dos instrumentos (apesar de nenhum participante possuir conhecimento musical prévio).

Instrução: Cada grupo deve improvisar separadamente.

O primeiro soa tímido. A sua melodia parece infantil. Os participantes tocam encolhidos, muito curvados, inclinados para o solo.

Depois de tocar, começam a identificar-se com Estela. Dizem que também têm um personagem que não os deixa viver. Que não conseguem livrar-se dele. Angustiam-se.

Um deles recorda que sempre desejou tocar piano, mas sua mãe lhe dizia que nunca o poderia fazer porque era muito difícil para ele. Outro comenta: "Eu, cada vez que começo a escrever, comparo o que escrevi com o que escrevem os que para mim são mestres, grandes, cientistas, e fico paralisado."

Sugerimos que o resto (o segundo grupo) comece a improvisar. Surge uma espécie de "batucada" com muita força e os que antes tocaram são guiados num trabalho corporal e sonoro, desenvolvendo esse outro clima.

A instrução seguinte se relaciona com a elaboração lúdica do "personagem persecutório" que ainda continua instalado no grupo.

Instrução: "É preciso tirar de qualquer maneira algo que vocês têm grudado no corpo, que é muito pegajoso, muito aderente."

Eles começam a sacudir-se, a bater os pés no chão, a mover os braços, a dar murros no ar. Um diz: Fora, fora, fora, fora!...

Sugerimos a imagem de empurrar uma carga muito pesada, ladeira acima e ladeira abaixo.

Eles se agrupam espontaneamente e empurram, de modo imaginário, uma grande carga. Depositam-na num canto e começam a movimentar-se com maior liberdade. Sempre mantendo o Fora! fora!, muito ritmado e marcado. Vão acrescentando outras frases parecidas com pregões: "Tão forte você não era!" Fora! Não te agüento mais! Fora! Vai assustar outro! Fora! Me deixa em paz! Fora, fora, fora!...

Terminam todos muito agitados e contentes.

Propomos uma nova improvisação grupal com instrumentos. Pela primeira vez o grupo soa coeso e a produção sonora é muito rica e criativa. Escutamos a gravação do improvisado e eles demoram a reconhecer-se. Assombrados, dizem: Esse sou eu? – Nunca pensei que pudesse tocar assim – Era fácil seguir o ritmo – Já não tenho medo do xilofone.

Estela, no começo dessa improvisação, não consegue tocar o seu instrumento. Pedimos-lhe que fique atrás de outro companheiro e adote a postura e o olhar do personagem persecutório.

Um instante depois, por sua própria iniciativa, Estela volta ao seu lugar, pega o xilofone e começa a improvisar. Através da realização da dramatização, ela pode passar do personagem persecutório ao "personagem interlocutor", a fim de poder dialogar com as próprias emoções.

Cremos necessário observar que, em nosso enfoque conceitual operativo, as técnicas ativas corporais não são utilizadas para produzir uma mera catarse emocional. Procuramos metabolizar o catártico num processo que promova a tomada de consciência, o acesso ao começo de "insight" através de uma compreensão ativa da situação vivida.

Café.

Foi um momento de "descompreensão".

Tagarela-se sobre o que se tinha "adivinhado" (percebido) no primeiro exercício, sobre o "como e o por quê" do que se havia feito até aquele momento.

O medo cedeu. De uma percepção e sentimento de um "eu" se chega a uma primeira percepção e sentimento do "eu-nós", sem que isso signifique a perda da individualidade. Quando há história e produção, começa a configurar-se uma imagem grupal.

Continuação:

Realizamos um trabalho de conexão com o aqui e agora, através de exercícios de "aterragem" que possibilitem a conexão de cada um com a sua força, a sua vitalidade.

Trabalhamos com música e ritmo, sem esquecermos do humor na tarefa de "quebrar o gelo" (coisificação) e de desenvolver a auto-expressão. Através da expressão é viável a passagem para a objetivação dos afetos. A exteriorização da afetividade possibilita o trabalho com as emoções e afetos que, de outra forma, ficariam ocultos.

Diana: Ritmo.
Carlos: Número.
Diana: Movimento.
Carlos: Ordem.
Diana: Organização.
Carlos: Proporção.
Diana: Vida.
Carlos: Forma.

Diana: Inteligência.
Carlos: Instinto.
Diana: Força.
Carlos: Repetição.
Diana: Alternância.
Carlos: Energia.
Diana: Encontro.
Carlos: Simetria.
Diana: Duração.
Carlos: Intensidade.
Diana: Medida.
Carlos: Descanso.
Diana: Vontade.
Carlos: Origem.
Diana: Silêncio.
Carlos: Tempo.
Diana: Ritmo.
Carlos: Ritmo.

"Na origem da vida se encontra, imemorial, o ritmo. Tudo atinge o seu ser através do ritmo. Ritmo tem a linguagem para ser expressão. A dança é ritmo e é ritmo o corpo humano. Com ritmo se sucedem as marés.

"Ritmo é a pulsação, a batida do coração. Ritmo é o que contêm as obras mais memoráveis das gerações: uma mesquita, um mito, uma estátua, uma fábula, um poema. A roda: puro ritmo.

"Um ritmo estrito habita as fêmeas grávidas. Ritmo há no trigal, no olival, na vinha; ritmo na fruta e na água. Ritmo têm as fases da Lua, as órbitas dos planetas, o majestoso vir-a-ser dos astros. E, quando a matéria atinge o seu mais ardente ritmo, tem lugar o acontecimento da beleza humana. O que leva os desafiadores esforços dos homens a romperem a ditadura dos anos num vaivém paciente e sábio, luxuriante e criador: o ritmo." (De Félix Grande, dedicado a Paco de Lucía.)

Diana: Rit-
Carlos: -mo.

Entre os fatores fundamentais que compõem a música se encontram a harmonia, a melodia, o ritmo, a forma, o tempo, a dinâmica, o timbre e o matiz. O ritmo é o pai da música (J. Redfield), sendo constituído por sistemas de grupos de tensão sucessivos nos quais os sons sucessivos se ordenam por si mesmos. Ritmo é uma resposta nervosa e energética ao estímulo auditivo. Nesse laboratório utilizamos ritmos de caráter periódico, a fim de que os músicos adaptem as suas reações a essa periodicidade.

A aterragem: É indispensável a sólida conexão dos pés sobre a terra, já que quem não está firmemente plantado no solo carece de contato pleno com a realidade. As pessoas acreditam que têm os pés apoiados na terra – e, de modo mecânico, isso ocorre –, mas esse contato não é de sentimentos nem de energia. Uma pessoa bem aterrada está "de pé" e é "alguém"; tem suas raízes na terra, está identificada com o seu corpo, consciente de sua sexualidade e orientada para o prazer. Essas qualidades não existem numa pessoa que está "no ar" ou "em sua cabeça", e não em seus pés.

A aterragem ajuda uma pessoa a relacionar-se com a metade inferior do seu corpo, que é de natureza mais animal em suas funções (locomoção, defecação, sexualidade) e que foi descuidada em decorrência de um maior desenvolvimento da metade superior (pensar, falar, manipular o meio). Isso é válido, por certo, no processo de humanização, mas também é utilizado de forma defensiva. Pesquisas recentes revelaram que, desde o início do século (e cada vez com maior intensidade), aumentou a estatística de doenças do ventre e do tórax.

Aterrissemos em nossa sessão.

Fizemos um exercício de relaxamento (ativo), baseado na conexão dos pontos de apoio, para seguir a idéia da tomada de consciência do nosso contato com a terra e a idéia de que podemos soltar-nos, já que ela nos sustenta. Além disso, pretendíamos transmitir aos participantes a noção de que é possível, num âmbito de confiabilidade, desconectar-se transitoriamente da percepção do mundo exterior (exteroceptores), à qual estamos tão habituados, a fim de desenvolver de maneira mais profunda a autopercepção.

Somente em contato com o meu corpo e as minhas sensações, assim como com as percepções que eu tenha de mim, eu me vincularei com os meus estados de ânimo, para poder questioná-los, vivenciá-los e encarregar-me deles. Saber quem sou, o que acontece comigo e qual é o ponto de partida para prosseguir o meu trabalho de crescimento. Partindo do estado de relaxamento, realizamos uma "exploração" de sons.

Centramo-nos em primeiro lugar nos sons provenientes do exterior (buzinas, pássaros, automóveis, avião, etc.); depois, nos sons mais distantes, do salão em que estávamos (respirações, portas, movimentos); mais tarde, nos sons do corpo audíveis apenas para quem os realizava (engolir, entrechocar os dentes, roçar as pontas dos dedos no couro cabeludo, etc.). Os sons começam por ser audíveis apenas para o emissor (batidas, carícias, estalos, gritos) e vão aumentando em intensidade e variedade. Todo o corpo é um instrumento sonoro.

Passados 45 minutos, o grupo tinha percorrido vários "climas sonoros", utilizando sons fortes, agudos, penetrantes, pungentes, obscuros, claros, densos, de alta freqüência, ritmos de tempos rápidos e lentos, dissonâncias, "clusters" (cachos de notas), etc., que evocavam diferentes imagens e sentimentos.

A emergência de um "clima sonoro" é também a emergência dos afetos postos em jogo na emissão e de um "clima" afetivo particular que o grupo pode atravessar com a ajuda do objeto intermediário proposto. Produz-se uma projeção de sentimentos através da modulação sonora e surgem algumas expressões emocionais primitivas.

Recordemos que, em nossa concepção, a expressão sonora envolve e inclui todo tipo de ruídos que possamos emitir. Em Musicoterapia evitamos as diferenciações entre sons e ruídos, favorecendo e estimulando, pelo contrário, a liberação e a aceitação de todo tipo de ruídos, os quais, nesse contexto, assumem significação simbólica de afirmação da presença fora dos limites do próprio corpo.

"Os sons são vibrações. Por associação, fazem surgir na imaginação do ouvinte formas definidas e as combinações de sons produzem formas mais complexas.

"Há experimentos que demonstram que as notas geradas por certos instrumentos produzem, numa base de areia, claras figuras geométricas. Assim se demonstra que as vibrações rítmicas fazem surgir figuras geométricas regulares.

"Os livros hindus sobre música nos dizem que os diversos tons musicais, *ragas*, têm, cada um, uma forma particular, que esses livros descrevem graficamente." (Sri Swami Sivananda. "El Sonido y la imagen" – Musicoterapia.)

Os sons favorecem a emergência de formas presentes no corpo, formas que, no processo de socialização da infância, ficaram enclausuradas.

Os sons produzem formas. Os sons são formas. Notas particulares fazem surgir formas particulares.

Além do fator subjetivo (pessoal), há um fator acústico que se relaciona com o tipo de espectro sonoro, forma de ataque do som, quantidade de componentes de uma onda, forma do material em relação à intensidade, etc.

Todos os sons determinam a formação de um espectro, o qual, graças a certos aparelhos acústicos, pode ser colocado num gráfico, diferindo em três aspectos fundamentais: a longitude da pulsação, a largura da pulsação e o contorno. Cada som musical é um composto de sons simples denominados parciais. O número de parciais presentes depende de três coisas: o instrumento que produz o som, a posição do som na extensão do instrumento e a intensidade do som.

John Redfield, em seu livro *Music: A Science and an Art* (1926), observa textualmente: "Com o propósito de estudar a atmosfera musicalmente ativa, o professor Dayton C. Miller, da Case School of Applied Science, construiu um aparelho extremamente delicado a que dá o nome de FONODEIK. Essa palavra significa mostrar o som. Ele se compõe, de modo essencial, de um diafragma conectado a um espelho de tal maneira que os movimentos do primeiro fazem o espelho rodar. Quando as pulsações do ar (som) movem o diafragma, este comunica ao espelho um movimento rotativo de vaivém sobre um eixo. Um raio de luz enviado sobre o espelho rotativo é refletido num ponto que oscila em linha reta à medida que o espelho gira. Um filme fotográfico muito sensível, perpendicular ao raio refletido, se desloca em ângulo reto em relação à linha de luz traçada pela ponta do raio oscilante. Nesse filme móvel, o ponto de luz traça o gráfico das variações da densidade atmosférica, causadas pelas pulsações sonoras, da mesma maneira que o esfigmógrafo grava as variações da densidade do sangue, produzidas pela ação do bombeamento."

No *Livro do Tabu*, Alan Watts escreve: "Escute intensamente uma voz que canta sem palavras. Ela pode emocioná-lo até as lágrimas, produzir em você desejos de dançar, enchê-lo de raiva ou fazê-lo pular de alegria. Você não consegue determinar onde termina a música e começam as emoções, pois todo o fenômeno é uma espécie de música; a voz opera sobre os seus nervos tal como o sopro funciona numa flauta."

Voltando ao nosso trabalho, a instrução seguinte é: "Agora o instrumento sonoro não é apenas o meu corpo mas também o do meu companheiro."

Ocorre uma comunicação intensa, não-verbal, corporal e sonora, em toda a sua plenitude.

Toda essa seqüência culmina no encontro de um ritmo comum. Isso funciona como base, tapete ou esteio no qual é possível criar e improvisar como um solista. Cada um mostra os seus sons, as suas emoções, sem controle (pelo menos consciente) e sem vergonhas. A expressão através do corpo e dos sons constitui uma remissão ao imaginário (o "como se" de outra realidade) e permite o acesso ao caminho do simbólico.

Segundo dia.

Começamos com alguns jogos psicodramáticos de aquecimento não específico. Entrar e sair de uma roda fechada que dificulta esses movimentos; uma equipe defende uma zona e os almofadões que esta possui, de uma equipe invasora, etc. (contato grupal usando a força, a agressão).

Uma vez que o grupo tenha entrado no clima, incluímos a música e propomos exercícios bipessoais com outra modalidade de contato. Escolhemos a espádua como região de contato. "Procurem conectar-se com o companheiro através da espádua, enquanto se deixam 'levar' pela melodia."

"Agora, com as mãos, vocês vão transmitir à espádua do companheiro o que sentem e ele transformará o estímulo em som." Sugerimos-lhes que escolham o instrumento que desejarem. Alguns escolhem a voz e outros, instrumentos musicais.

Esse tipo de exercício é fundamental na formação de terapeutas, já que visa a afinar o seu instrumento, o seu corpo (reservatório do imaginário), a sua "atenção flutuante corporal", desenvolvendo todas as maneiras possíveis de perceber e sentir, para que possam, dessa maneira, transformar os dados e sentimentos em instruções operativas e ler as múltiplas manifestações da realidade individual e grupal. Ele também permite treinar a abordagem dos pacientes em planos complementares do verbal.

O nosso propósito é desenvolver também respostas que se relacionem de modo mais direto com o sistema nervoso, com o nosso cérebro.

Por mais embaraçoso que possa parecer esse termo, o nosso corpo atua como receptor e emissor de "vibrações" (luz, cor, som, tensão muscular, etc.).

Pretendemos desenvolver a "capacidade de sintonia".

Em sono-acústica, as "vibrações por simpatia" (ressonância por transmissão) são produzidas entre dois corpos sonoros capazes de vibrar na mesma freqüência; a vibração é transmitida de um corpo ao outro, que vibra em uníssono.

Seqüência dos exercícios realizados:

1 – Grupais.

2 – Em duplas.

3 – Em dupla. – Predomínio do individual.

4 – Grupal com predomínio do individual.

O próximo trabalho é um exemplo de 4. Exercício psicodramático da máquina.

Propõe-se aos participantes que cada um vá passando e fazendo um movimento com som. Que cada um seja uma peça de uma máquina. Depois, pede-se à máquina total um movimento que flua mais rápido e, logo após, mais lento (variações no tempo). Deve-se decidir grupalmente o nome da máquina e para que serve.

Embora se trate de uma criação coletiva, pode-se trabalhar individualmente sobre a razão por que cada um escolheu determinada peça, qual é a sua relação com os outros, o som que utilizou, o movimento, etc., ou, por outro lado, a produção grupal permite a abordagem da estrutura do grupo, a sua maneira de funcionar, etc.

Essas dramatizações permitem a emergência de situações pessoais que podem ser investigadas.

Nesse ponto da experiência, alguns dos membros do grupo começam a entrar em contato com as suas realidades familiares (Sim, sempre sou motor e suporte em todos os lados). Eles ficaram chocados quando supusemos que uma boa linha de exploração seria permitir que esse clima se desenvolvesse através do movimento, possibilitando assim a emergência das expressões de cada um. O caminho era o percurso de uma parte ao todo, da estática ao movimento, da rigidez à flexibilidade.

À medida que se moviam, eles se conectavam com os seus sentimentos. Todo o grupo copiava um dos participantes por vez (sintonia corporal grupal) e possibilitava que o executante visse a sua expressão multiplicada nos outros. Ele era incitado a desenvolver a sua expressão ao máximo.

Vários membros comentavam (e/ou mostravam) a sua angústia, o seu sentimento de temor e desconfiança.

Propusemos trabalhar o eixo confiança-desconfiança. O exercício escolhido é novamente um jogo dramático: o guia de cego.

O trabalho é feito em duplas. Um deve guiar o outro, que vai de olhos fechados, deslocando-se pelo salão para reconhecer o ambiente, o lugar, os companheiros. Buscamos a possibilidade de experienciar "cuidado", devendo o guia proporcionar a informação útil a um não-vidente; ele deverá contê-lo e avisar-lhe com cautela e antecipação o momento em que, ao término do exercício, se afastará dele.

"Eu me sentia totalmente protegida. Alegro-me por ter escolhido você para me guiar."

"Eu confiava em você, mas por via das dúvidas, aguçava o ouvido, para não me chocar, sabe?"

"Eu preferia guiar a ser guiado."

"Eu, pelo contrário, que sempre cuidem de mim, que me protejam."

Inés se encolhe num canto; treme, soluça. Dois companheiros se aproximam e nós pedimos aos outros que também o façam.

Alvaro pega o celestino e começa a tocar, enquanto os outros a embalam e acalentam.

É possível interpretar a atitude de Inés como um dos emergentes de uma reação grupal diante da ferida narcisística provocada pela exposição aos outros de regiões pessoais de dificuldade que se tornaram mais visíveis no jogo da máquina.

"Quero esconder-me, quero um canto escuro."

Ela chorava com desespero e percebíamos que se sentia angustiada. Estava numa postura que interpretávamos como regressiva (acocorada).

Alvaro: "Reaja, não se comporte como uma bêbada."

Decidimos permitir-lhe o máximo possível de "regressão" nessa situação. Que volte ao útero e nasça.

Isso foi feito corporalmente com a ajuda de todo o grupo, que colaborou como "canal de parto". Foram grandes a participação e o compromisso emocional.

Depois de "nascer", Inés se sente aliviada e agradece aos companheiros. O grupo colaborou, juntamente com ela, no início da elaboração da situação regressiva.

Inés: "Cresci."

Alvaro: "Crescemos."

Não desconhecemos a complexidade da análise destes parágrafos; só os mencionamos como uma relação entre o vivido e a possibilidade de refletir sobre si mesmo.

1930, C. G. Jung: "O inconsciente se torna consciente sob a forma de um processo de vida ou crescimento."

1945, Lowen: "A felicidade é a consciência do crescimento."

W. Reich: (em resposta): "Não está mal."

Última parte do Laboratório.

> "Para quem tem percepção,
> um simples sinal é suficiente.
> Para quem realmente não está atento,
> mil explicações não bastam."
>
> Haji Bekash

Exercício de autopercepção

Dirige-se um exercício de relaxamento, cujo percurso vai da superfície do corpo para o seu interior. Pele, tecidos, articulações e ossos.

Esse exercício é acompanhado pela audição de uma música de estrutura sonora reiterativa e de freqüência muito baixa (de altura muito baixa, muito grave).

A reiteração é uma forma de repetição de uma trajetória sonora que estabelece um regime de permanência.

Permanência é sinônimo de imutabilidade, de algo que não se move do lugar. A permanência é caracterizada pela total falta de mudança.

Quando se reitera, repete-se uma unidade rítmico-melódica, com ou sem pausas intermediárias. Deve-se provocar, no caso do ritmo, uma periodicidade, uma regularidade.

Isso provoca uma reação muito particular no ouvinte, pois configura a percepção de "um tempo congelado". Quanto maior for o caráter reiterativo, tanto maior será o caráter ou função "hipnótica" desse tipo de composições. Não existem mudanças imprevisíveis, pois estas surgem como dissociadores de um sistema estabilizado. Exemplo:

1 - Flauta - flauta - flauta - flauta - "trombeta" (imprevisível).

2 - Flauta - clarinete - sax - tuba - "trombeta" (previsível).

O imprevisível é um toque de atenção para aquele que escuta e, em alguns casos, pode produzir um choque no nível psicofisiológico.

Cremos oportuno mencionar aqui as experiências de Alberto Fontana – com a utilização de fitas magnéticas – realizadas a partir de 1968, em sessões prolongadas de grupo. A sua equipe afirmava que o correto era alternar fitas gravadas e discos, aplicando as primeiras à criação de "climas" e utilizando os discos nos casos em que fosse necessário canalizar os emergentes.

O objetivo da música não era o de aplacar, mas o de estimular. O predomínio de uma pulsação rítmica, a simetria melódica, a sonoridade de um dado instrumento ou a modulação e o timbre particulares de uma voz cantada podem determinar um "clima", ao qual se segue o próximo por contraste ou fusão.

Os "climas" se estruturavam de acordo com uma certa seqüência. Por exemplo:

a) Clima conhecido.

O fato de se incluir no começo uma música ou harmonia conhecida favorecia a diminuição das tensões detectadas antes do início da música.

b) Clima menos conhecido.

Os participantes preferiam a música eletrônica, cuja fonte de emissão não é identificável; a ausência de melodia ou de ritmo preciso permitia a eles utilizá-la em momentos de comunicação muito regressiva.

c) Voz humana.

Através da voz, após o clima desconhecido, os participantes pesquisavam conflitos de identificação com o sexo e com o terapeuta na relação transferencial.

d) Predomínio rítmico.

O predomínio rítmico pode ser vivido como um sucedâneo da relação corporal. O ritmo é gerador de movimento.

e) Predomínio melódico.

A melodia se relaciona com o aparecimento de imagens plásticas e de lembranças. Citando Melanie Klein, diz Fontana: "As primeiras experiências corporais constituem as lembranças mais primitivas... as realidades externas se entrelaçam progressivamente no tecido da fantasia... muito antes da fantasia, as crianças elaboram tanto imagens plásticas como sensações auditivas."

f) Integração final.

Nesse laboratório, a estrutura sonora reiterativa é utilizada também por sua conotação de base, segurança, ponto de referência, distensão.

Ao contrário da permanência, a mudança pode ser implementada em alguns casos pelo terapeuta como uma saída do regressivo.

O som usado era grave, de altura baixa. Essas freqüências graves (25 a 100 Hz) se associam, no nível objetivo e subjetivo, a grandes volumes, produzindo um estímulo físico muito grande. Elas põem em vibração o tronco do corpo e, mais especificamente, o estômago.

Por vezes o espectro muito agudo pode chegar a ser sobremodo irritante, associando-se com elementos pungentes e fazendo vibrar os ossos do crânio.

Reiteração. Baixa freqüência. A nossa idéia era que os participantes relaxassem e se conectassem profundamente.

Tendo eles chegado a esse ponto de relaxamento, pedimos-lhes que entrem em contato com a sensação que têm de si mesmos (consciência).

Esse é um trabalho de conexão, de percepção e, portanto, de expressão. Configurada a percepção que tem de si, cada qual a expressa plasticamente num papel. A idéia é permitir que a "sensação" corporal se esclareça e se enriqueça, ao entorná-la em outro plano de expressão, a gráfica (não necessariamente figurativa).

A multiplicação dos planos expressivos não se apresenta como diversificadora e dissociadora. Cremos que ela possui uma grande importância integradora.

"Voltem a entrar em contato com as regiões do corpo em que neste momento vocês se apóiam. Enquanto respiram, imaginem que, com o ar que entra, entra a consciência, no sentido de terem uma percepção cada vez mais interior de vocês. Esta é uma imagem. O objetivo é terem, neste momento, uma percepção mais profunda e clara de si mesmos, com o mínimo esforço possível, enfocando as sensações corporais presentes. Pouco a pouco, procurem entrar em contato com o modo como imaginam que seriam num estado de completo e harmonioso desenvolvimento. Assim como o modelo de uma árvore está na semente, vão pensando que forma vocês dariam a esse estado de completo e harmonioso desenvolvimento. Dêem-se tempo para que ele se plasme. Quando estiverem satisfeitos com o grau de percepção alcançado, esbocem-no em outra folha."

Passo seguinte. Deitados, imaginar o contorno real de cada um. Depois, em duplas, "desenham" o seu contorno real, exercendo pressão sobre a pele com o lápis. O lápis atua como prolongamento do corpo. Pode-se pressionar firme e claramente todo o contorno corporal, estabelecendo uma distância mínima. O lápis é um objeto mediador.

Sentam-se. Dirigimos um exercício de percepção de suas próprias mãos. Depois, eles se conectam com as do companheiro, com o seu rosto e o seu corpo.

Todos se conectam entre si, incluindo sons.

Passamos da percepção mais interior – a do contorno, da pele – e, seguindo a direção centrífuga, chegamos à conexão com os outros.

O grupo está agora de pé, em círculo, balançando-se, emitindo sons, jogando com os sons, abraçados, profundamente emocionados.

O "boneco ridículo" do começo jaz sozinho na sala de espera. É um boneco-fantasma com o qual se pode jogar sem sentir-se sinistramente apoderado. Podemos conviver com ele, con-jogar com o seu corpo e a sua sombra, sem que ele nos aprisione.

Como meio às cegas
renascendo um sentimento esquecido
recordado
contrariando os esquecimentos
esquecendo-o, pelo contrário
tu o perdeste.
Se acaso recordas
o final da comédia realizada
é o tempo confundido
os atores desnudando o proibido.
Se algumas vezes
a dor necessita do abraço querido
e o sorriso discrimina o seu sentido
e existem
por que não?
É que por certo nunca sonhaste
tão desperto
com os mundos que inventavam
as princesas
e os valentes cavaleiros.
Mil milhões de grinaldas
e algum brinde à sorte
ao novo
e vivam os que vêm!
la ra lala
os que cantam
e bravo!
aos que dançam.
Como meio às cegas
desatando cada nó esquecido
recordado
contrariando os esquecimentos
esquecendo-o, pelo contrário
já se aproximam.
Alguns amigos hoje acorrem ao teu chamado
e a tua festa é tão perfeita
hoje se celebram
as boas-vindas aos sentidos.

"Bienvenida a los Sentidos",
Carlos Fregtman

Criar um clima

Um salão amplo, luminoso, com piso adequado para ficar sem sapatos, com enfeites trazidos por todos (quer por serem queridos e, por essa razão, deverem ser compartilhados, quer por estimularem a nossa imaginação, quer por alegrarem a nossa retina). Um bom equipamento de som, luzes que permitam diferentes jogos, instrumentos musicais de percussão ou de fácil manejo (incluindo instrumentos construídos pelo próprio grupo, bem como todo tipo de objetos sonoros caseiros). Plantas, flores, conchas e qualquer elemento que nos permita uma mínima reconexão com a natureza, assim como diferentes substâncias para degustar, cheirar e tocar.

Segundo o dicionário, clima é "o conjunto de condições atmosféricas particulares em determinada região".

Essa atmosfera particular, esse clima, é indispensável em nosso trabalho.

Criar um clima adequado é possibilitar o surgimento da espontaneidade. Espontaneidade = desalienação = criatividade. Espontaneidade é aprender a seguir o curso natural, tal como os navegantes aprendem a deixar-se levar pelo curso do vento. Espontaneidade versus uma arquitetura da resistência dada pela cultura.

Criar um clima é alentar formas não-verbais para abrir portas do vivencial e do experiencial. É reduzir o persecutório fantasmagórico. Constitui uma tentativa de modificação e mudança do nosso costume, como terapeutas, de "falar sobre" ou "discutir acerca de". Criar um clima é não reduzir a palavras o mundo do infalável (Alfred Korzybski). É introduzir-se na região do inominável (por ora). Se você passa o tempo todo falando, não pode estar aberto ao que eu tenha para dizer. Você está alheio, fora, sem poder atender aos dados da sua percepção de você mesmo e do mundo. Se não faço mais que pensar (ou seja, falar comigo mesmo) o tempo todo, corro o risco de que o único objeto do meu pensamento sejam os pensamentos e o de ficar enredado neles.

Criar um clima é criar confiança, elemento indispensável para um nível de entrega, de "afrouxamento da guarda", de um baixar as defesas, dando assim lugar à emergência de novos modelos de relações. É nesses climas que surgem as descobertas científicas e as criações artísticas. Recordemos que o caos aparece em todas as passagens ou mudanças de identidade.

Criar um clima é fundir o corpo com outro, é prolongar a superfície corporal; e, por conseguinte, o interior pode tornar-se exterior e vice-versa.

É estimular jogando com o pré-significativo.

Criar um clima é jogar-criando, é criar-jogando, é crer no jogo. Jogando, a mente está mais aberta. Quando você está sério, a sua mente está mais fechada. Todos os níveis do jogo confluem na criatividade. Não fique solene, não se engome, tire o paletó e a gravata, e simplesmente jogue. Se algo o "toca", existem duas alternativas: aprofundar jogando ou ficar sério e continuar aprofundando. A chave é propor um jogo que contrarie as condições internas do jogo social e familiar.

Criar um clima é tornar possíveis as condições da germinação. É tangenciar a sensualidade da primavera, permitindo a emergência da força da sua seiva, favorecendo a canalização e o desenvolvimento do potencial criativo-estético de cada pessoa.

A linguagem também penetra numa região de capacidades germinativas e de possibilidades pluri-significativas.

O jardim despertava na manhã. Ele ia ao seu encontro. Atento. Disposto a perceber, a deixar-se penetrar, envolto num fluir de energia no qual todos os matizes são registrados. Formas, cores, perfumes, toda uma torrente de anúncio e comunicação. Impacto sublime em que todos os seus sentidos de jardineiro estão comprometidos. Agora sim, sabe e intui todas as necessidades, coisas que ele sozinho aprendeu a olhar, arte impulsionada apenas por seu amor à terra e pelo respeito ao seu trabalho. Tempo compartilhado em que foi escutando as vozes dos seus embriagados sentidos e prodigalizando cuidados tão múltiplos e ricos como o é a sua percepção, orientando as suas ações para estimular o crescimento da vida.

Tempo de mudança. Tempo que produz, produção que engendra, procria, recria uma imagem, um pensamento, um afeto ainda não germinado. Tempo que frutifica. Produção que, no decorrer do seu desenvolvimento, decanta em elaboração. Cria novos gestos. Algo se inicia.

Gênese

Quando não trabalha – antes da sessão, por exemplo –, o grupo é como água sem leito. Transborda. Não tem direção (confusão).

A chegada do terapeuta é, por si, ordenadora e a tarefa é encarada por nós com o objetivo central de extrair do grupo os elementos que, com instruções mínimas, dêem leito a essa água.

O rio começou a sua viagem.

O direcionamento pode ser dado simplesmente por um movimento ou um som (palavra, trauteio, ruído vocal, música, instrumento). Como estímulo, é tão válido dizer cachorro como grunhir ou andar de quatro e balançar o rabo.

Atenção: é importante saber quando a inclusão de uma instrução por parte do terapeuta se relaciona com uma necessidade real do grupo e quando está vinculada à impaciência do profissional.

Com isso queremos enfatizar que privilegiamos a leitura da dinâmica grupal.

Indicar, num determinado momento, "pegar os instrumentos e tocar ou começar a movimentar-se" se relaciona com uma leitura da situação grupal. O terapeuta conta com um arsenal de recursos técnicos. É possível que ele não possa utilizar esses recursos nem criar outros. É conveniente não desanimar, não apressar-se nem propor, para sair dessa situação e em função da ansiedade, instruções fora de tempo. Não se pode forçar o grupo a ações ou emoções com as quais não está conectado. A imagem deve ser a do pescador que espera capturar o que está nas profundezas – o emocional; mas cuidado para não dormir, é preciso estar atento ao anzol.

O terapeuta sente que não acontece nada. Que o grupo é uma porta! Que não entende!

Proposta: procurar olhar de outro ponto de vista. Começar por mudar o ângulo visual. Mudar de lugar físico e começar a perguntar-se: O que estou eu sentindo? O que acontece comigo? E, então, em função do que sinto, o que acontece com eles, o que acontece conosco. Sem esforçar-se por procurar "entender" no nível do pensamento. Permitir-se: não saber, deixar-se levar, sentir, compartilhar. Observar o óbvio. O que sinto. O que suponho. O que posso dar-lhes e o que não posso. Pensar não apenas no que acontece, mas em como acontece o que acontece, por que acontece e para que acontece. Percepção. Pensamento. Sentimento. Intuição. Imaginação.

Entendemos com freqüência que, a partir das técnicas utilizadas, se geram intensos climas grupais. Abrem-se canais emocionais. A comunicação entre as pessoas se vale de modos de relação não costumeiros, prévios à formação do símbolo.

Não é necessário, nem conveniente, levar isso imediatamente para o plano da interpretação; deve-se, pelo contrário, dar lugar ao processo vivencial que se gerou e que pode levar a outro tipo de elaboração, a partir do experienciado. Procuramos "pontilhar" relações.

Vivência, tempo, relações, são noções ligadas a esse conceito; e, como dissemos anteriormente, "A produção, no decorrer do seu desenvolvimento, decanta em elaboração". Cria um gesto novo.

Vejo, Vejo, O que vês? Agudo, Como soa? Amargo

Oh, que existam as cores:
azul, amarelo, branco, vermelho e verde;
Oh, que haja sons:
soprano, baixo, corneta, oboé!
Oh, que haja linguagem:
palavras, versos, rimas,
suavidade das assonâncias,
marcha e dança da síntaxe!
Quem seus jogos jogava
quem saboreava o seu encanto,
para esse o mundo floresce,

para esse sorri e indica
o seu coração e o seu sentido.

O que amaste e pretendeste,
o que sonhaste e viveste,
tu o sabes ainda,
foi deleite ou quiçá sofrimento?
sol sustenido e lá bemol,
mi bemol e ré sustenido,
pode diferenciá-los o ouvido?

Anotado de noche en Abril,
Hermann Hesse

Estamos reunidos no salão.

Ontem lavaram o tapete e ele não secou. Há cheiro de umidade e, por isso, queimamos incenso.

Um paciente comenta que a fumaça do incenso delineia formas.

Estimulamos o grupo a seguir com o olhar os movimentos da fumaça e a se deixar penetrar pelo aroma do incenso.

O odor tem a capacidade quase lendária de despertar lembranças.

Os centros olfativos do cérebro são mais antigos e mais primitivos que os da visão.

Os sentidos são o meio de comunicação com o mundo e estão intimamente ligados às primeiras lembranças da criança.

O homem não tem o sentido do olfato tão desenvolvido como o dos outros animais; tendo sido uma criatura acostumada a subir nas árvores, ele aprendeu a confiar mais em seus olhos do que em seu nariz. Não obstante, o olfato desempenhou, em sua orientação no meio ambiente e em sua relação com outros homens, um papel muito maior que o que ocupa em nossa cultura (que é anti-odor ou "cultura-desodorante").

Carlos (coordenador) começa a improvisar no xilofone numa escala pentatônica (de cinco sons) muito usada na Antigüidade por diferentes e evoluídas civilizações, seguindo também o "aéreo caminho da fumaça".

Estamos trabalhando na estimulação de vários sentidos simultaneamente (visão, olfato, audição e tato).

O homem é um ser multissensorial. A linguagem falada e a maneira com que se fala são partes da mensagem que se completa se incluímos as outras formas possíveis. Tato, gosto e olfato podem ser parte da mensagem (para além do que se vê e se ouve). O contexto a totaliza (e muitas vezes a determina).

Os pacientes se aproximam do centro, sentando-se em círculo em volta do defumador.

Vamos sugerindo-lhes que também eles, imaginariamente, se deixem transportar pela coluna de fumaça. Depois, que reproduzam o movimento com os dedos e as mãos, incluindo mais tarde braços, cabeça, tronco, e então, deixando o solo, vivenciem o leve, o aéreo, com todo o corpo.

Fomos desenvolvendo e guiando esse trabalho (com instruções e climas sonoros) por um período de cerca de vinte minutos.

A maioria dos movimentos se localiza na região superior do corpo, especialmente nos braços e nas mãos. Eles são lentos, suaves e de aparência leve, gráceis e agradáveis de ver.

Os braços se relacionam com o "fazer" e com o nosso sistema de conexão com o mundo. Com os braços aproximo ou afasto de mim, amarro, prendo, chamo, abraço, toco, peço, pego, acaricio, tomo. O movimento de braços está relacionado com o centro cardíaco (Hatha-Yoga), com o coração – e, por conseguinte, com o amor – e, mais especificamente, com a necessidade de afeto.

Depois dos movimentos, os participantes comentam: "Eu tive um sonho – Sentia-me abrindo e caminhando entre nuvens, algodões, fumaça, e todo o meu corpo ia penetrando nisso – Uma grande paz, flutuando, sentia o nada – Sentia o aroma sob a minha pele – Tranqüilidade – Como se não houvesse ninguém em volta de mim – A minha fumaça se entrelaçava com a do outro – Não gostei de sair – Leve – Ia subindo e me perdia – Acalmava-me mas eu não podia ficar lá para sempre – Acalmava-me – Custou-me muito."

Carmen comenta: "Depois da paz me ficou um grande cansaço e agora me sinto angustiada. As minhas mãos estão transpirando. Precisam de amizade, apoio, amor, compreensão. Dar e receber."

Ela o dizia estendendo alternativamente o antebraço e a mão em supinação (com a palma voltada para cima).

– O que você daria com uma e o que receberia com a outra?

Carmen diz: "Com esta peço que venham e com esta que gostem de mim."

Terapeuta: "Então você pede com as duas."

Carmen: "Sim."

Terapeuta: "Feche os olhos e estenda as duas mãos."

Carmen o faz e começa a chamar: "Coco, Coco, vem, vem, entende-me, compreende-me, má ou boa, como sou, mas plenamente eu. Por favor, Coco, necessito de ti."

Ela abre os olhos e o chamado se torna mais angustiante. Diana se coloca diante dela. Carmen se aproxima e a abraça. Depois se separam.

Carmen comenta: "Passei toda a vida acreditando que dava tudo. Agora mesmo, quando quis dar e receber, percebi que só quero receber."

Essas primeiras tomadas de consciência são momentos num processo que mal se inicia.

Trabalha-se corporal e musicalmente com o resto do grupo o dar e o receber.

– Ontem lavaram o tapete e ele não secou.

– Vejo, vejo, o que você vê? Agudo.

– Como soa? Amargo.

Respiração

A sessão começa com Agostín falando: "Não posso respirar, não como, não vou ao banheiro, vou morrer. Sabem o que me aconteceu? A minha mulher me pediu o divórcio. Vocês não vêem que eu tirei a aliança? Ela era tudo para mim. Perdi tudo. Não posso respirar. Perdi a família. Tenho isto aqui duro (indica o diafragma). Não posso respirar."

Decidimos explorar, através de exercícios de respiração, a situação provocada pelo pedido concreto de Agostín; além disso, nós o fizemos porque o víamos tenso mas não conectado com os seus sentimentos, e um trabalho de respiração conecta inevitavelmente a pessoa com as emoções bloqueadas.

A cada quatro ou cinco respirações (ou intervalos de tempo equivalentes), observamos em seu corpo alguns tremores ou movimentos de tipo compulsivo (involuntários), após os quais, de imediato, ele se senta dizendo que quer ir embora ou se agarra à mão do terapeuta. Custa-lhe manter-se em contato com aquilo que supomos ser despertado nele pelo exercício.

São conhecidas as pesquisas sobre respiração e bloqueio emocional e sobre a relação entre a respiração e as enfermidades auto-agressivas.

Para respirar de modo profundo e total, é preciso que não haja nenhum impedimento na livre entrada e saída do ar (de acordo com a verdadeira capacidade e necessidade do indivíduo). Requer que os movimentos de inspiração e expiração funcionem sem inibição alguma, consciente ou inconsciente.

Respirar totalmente implica que o homem se relaciona com todo o mundo que o rodeia, sem medos, restrições ou reservas, com todo o seu ser, porque, se existem tensões emocionais reprimidas, há também contrações musculares inconscientes que impossibilitam toda livre ação.

É a pessoa toda que respira, e não apenas os seus pulmões e o seu diafragma. É a pessoa toda que se expressa biologicamente através de sua respiração, como em qualquer outro aspecto vital; e se a pessoa, em seu interior, está reprimindo algo, necessariamente se exprimirá reprimindo também a respiração.

Segundo Antonio Blay, o homem sustenta um duplo ritmo de respiração: um "superficial", que se relaciona com a sua atividade vígil consciente e segue todas as suas oscilações; outro "profundo", caracterizado por retenções internas de ar quase permanentes, de ritmo muito lento, que corresponde à personalidade inconsciente, profunda.

Existe uma evidente relação entre os níveis superficial e profundo da respiração entre si, assim como existe também entre o conflito e as suas defesas.

Se a respiração superficial se aprofunda, os dois níveis entram em contato, estabelece-se uma comunicação direta entre eles e se produz uma verdadeira transfusão de energia de um a outro nível.

Na classificação dos tipos de respiração, Blay indica:

Respiração insuficiente, superficial (é o caso do nosso paciente Agostín). Ele teme tomar, pedir, receber, aceitar. Teme afirmar-se a si mesmo. Não permite que os outros entrem em seu interior. Vive apenas na superfície da sua personalidade. Deseja reter, conservar de modo compulsivo. Não quer soltar, atuar, expressar-se. Teme sair de si mesmo. Não quer desprender-se do todo. Teme que o despojem, que abusem dele. Teme entregar tudo e entregar-se por inteiro. Quer isolar-se, afastar-se, fugir. Teme tomar, pedir, receber; teme viver.

Através da respiração tomamos o oxigênio para manter o metabolismo em ação e este nos fornece a energia de que precisamos. Mais oxigênio = Metabolismo mais alto = Mais energia. Todo esse processo se desenvolve de modo paralelo, ou, melhor dizendo, numa relação dinâmica com o processo emocional e psicológico.

Os animais e as crianças respiram corretamente, sem instrução nem ajuda. Os adultos, no entanto, tendem a ter distúrbios em seus padrões de respiração, causados por tensões musculares crônicas. Essas tensões são o resultado de conflitos emocionais que se desenvolveram no decorrer do seu crescimento.

Uma respiração saudável implica todo o corpo em ação. Todos os músculos estão, de alguma maneira, envolvidos. Isso pode ser notado especialmente nos profundos músculos do abdômen.

O movimento respiratório deveria ser pensado como ondas. O movimento inspiratório começa profundamente no piso da caixa pélvica e flui em direção à boca. No seu caminho para cima, ele percorre as cavidades do corpo que se expandem para "chupar" o ar. Essas cavidades incluem abdômen, tórax, garganta e boca, em especial a garganta. Muitas pessoas a têm contraída para suprimir os seus sentimentos e, de modo particular, a vontade de chorar e gritar.

Chorar é uma maneira de liberar tensões. Considerando a dor que todos experimentamos em nossas vidas e a frustração que permanentemente nos acomete, temos boas razões para chorar.

O pranto sempre remete a uma cena visual cuja investigação permite a liberação de tensões.

"As lágrimas são como chuva do paraíso, e um bom pranto, tal como a tormenta, aclara o ar." (A. Lowen.)

O grito é uma forma de relaxar a tensão produzida pelo medo, pela frustração e pela dor.

Voltemos à sessão.

Depois da realização dos exercícios, incrementa-se a tensão grupal.

Trabalhamos esse clima com diversos exercícios, feitos em duplas, de respiração e sons, por um período de cerca de uma hora. Os primeiros 45 minutos se relacionam com a descarga da angústia e das tensões; nos 15 minutos seguintes, estando os canais expressivos já abertos, os gritos se transformam em cantos, a tragédia em jogo.

O próprio Agostín conseguiu um grau de conexão consigo mesmo, com a sua impotência, com a sua angústia, com o seu temor.

É possível passar agora a outro plano de elaboração.

Relendo à guisa de final.

Como dissemos antes, a esta altura do processo não pretendemos demonstrar nada. Recordando Bateson e a sua idéia de que a arte leva à integração psíquica, buscamos as maneiras de abrir os canais expressivos e criativos, a fim de que essa integração vá sendo conseguida na medida do possível.

O que é preciso integrar
são as diversas partes da mente
especialmente esses múltiplos níveis
um de cujos extremos denominamos "consciência"
e o outro, "inconsciente".
Para atingir essa integração
as razões do coração
devem estar integradas
com as razões da razão.

Gregory Bateson

Este trabalho foi redigido no final de 1975 e reúne as primeiras experiências terapêuticas de três musicoterapeutas na área da psiquiatria.

Ele foi apresentado no II Congresso Mundial de Musicoterapia (Buenos Aires, 1976) e mais tarde incluído na publicação alemã *Musik + Medizin, Organ für Musik und Musiktherapie* (12-1977/1-1978 "Musiktherapeutische Erfahrungen in einer Tagesklinik") e no *Boletim* número 9 da Associação Brasileira de Musicoterapia, Rio de Janeiro, em março de 1979.

Os seus autores – Claudia Ballestrín, Renata Jonic e Carlos Fregtman – decidiram não modificá-lo, muito embora vários dos pontos expostos não estejam de acordo com o estado atual do desenvolvimento de suas investigações e de suas abordagens clínicas.

Planejamento das sessões? Rigidez nos modelos de abordagem? Divisão da Musicoterapia em área sonora e corporal? "Recopilação" de material e pouca elaboração?

Sete anos após a sua realização, Ballestrín no Brasil, Jonic na Alemanha e Fregtman na Argentina conferem a esta experiência uma importância decisiva em sua formação humana e profissional; um ponto de partida.

"Uma experiência no Hospital de Dia"[1]

1. *Una experiencia en Hospital de Día*. Claudia Ballestrín, Renata Jonic, Carlos D. Fregtman.

O Hospital de Dia do Centro Nacional de Saúde Mental "Arturo Ameghino" é um serviço dedicado ao atendimento de pacientes psicóticos, jovens e adultos, recuperáveis, isto é, pacientes com processos desorganizativos psicóticos mas com um nível de deterioração pequeno, que permite a sua reestruturação e a sua recuperação. O Hospital funciona de segunda a sexta-feira no horário das 8,30 às 12,30 h.

A equipe busca a abordagem dos pacientes de diferentes maneiras, através de áreas diferenciadas, mas não independentes, que constituem uma estrutura terapêutica. Procura-se fazer com que o paciente não viva o tratamento como uma soma de atividades desconexas, dando a essas atividades um máximo de continuidade.

Tendo por base a teoria psicanalítica, esta é uma experiência-piloto, cujo enquadramento foi sendo elaborado no decorrer do processo, tendo por norma a não-repressão do material psicótico e a administração da medicação mínima indispensável. Evita-se a hierarquização formal dos terapeutas, que são chamados por seus nomes, e não por seus títulos. Não se usam guarda-pós. A localização em volta da mesa em que se compartilha o desjejum é totalmente informal. Um observador de fora não conseguiria diferenciar, por seu aspecto, os pacientes dos terapeutas.

No decorrer do tratamento decidiu-se realizar assembléias mensais com a participação maciça e igualitária de pacientes e terapeutas; cada assembléia é coordenada por um terapeuta ou um paciente, alternadamente, escolhido por votação realizada no início da mesma. Elege-se também um secretário, encarregado de redigir as atas. Os temas tratados se referem a aspectos formais da organização do Hospital de Dia; são discutidas e submetidas à votação as propostas e iniciativas dos pacientes e dos terapeutas, as possíveis modificações a serem feitas, etc.

A duração do tratamento de cada paciente é de cerca de um ano e são as seguintes as condições para a sua alta: que haja recuperado a sua capacidade produtiva (entendendo-se por isso as suas possibilidades de ação e criação), diminuído a sua dependência e encontrado um grupo para vincular-se, ou então, que a equipe considere ter-se chegado a um ponto em que não se pode obter mais avanços do paciente com esse tipo de tratamento. Como as vagas não estão esgotadas e os pacientes podem ingressar no Hospital em qualquer momento do ano, o grupo vai se modificando no decorrer do período, tanto quantitativa como qualitativamente. O número de pacientes oscila entre 6 e 10.

O tratamento inclui as seguintes atividades: Terapia de Grupo, Terapia Familiar, Teatro, Recreação e Musicoterapia.

A equipe de Musicoterapia trabalha com os pacientes três vezes durante a semana. Numa dessas reuniões, a cargo de Renata, a tarefa se centra na expressão sonoro-musical. Em outra, a cargo de Claudia e Carlos, trabalham-se basicamente o movimento e a expressão corporal. Na terceira reunião, coordenada pelos quatro integrantes da equipe de Musicoterapia, funciona uma oficina de fabricação de instrumentos musicais. Esses instrumentos – de fabricação manual simples, realizados com materiais como latas, madeira, garrafas, chapas, guizos, couros, etc., e construídos conjuntamente por pacientes e musicoterapeutas – são utilizados depois em sessões de Musicoterapia. Considera-se terapêutico usar no tratamento do paciente objetos feitos por ele mesmo. Essa atividade tem, além disso, utilidade diagnóstica, porque na tarefa manual concreta se evidenciam dificuldades relacionadas com a patologia de cada paciente.

As sessões de Musicoterapia dedicadas à expressão sonoro-musical são efetuadas num salão pequeno, com uma mesa na qual se apóiam os instrumentos, o toca-discos, o gravador, etc., e várias cadeiras, dispostas em círculo, nas quais se sentam pacientes e terapeutas. A duração das sessões é de cerca de uma hora e meia. Uma sessão-padrão consta de um breve relaxamento e concentração inicial, de atividades de expressão individual e de atividades grupais ou de conjunto. As instruções para o trabalho são dadas pelo musicoterapeuta geralmente de modo verbal e, embora a linguagem utilizada durante esse trabalho seja predominantemente não-verbal, em alguns casos surge a necessidade de esclarecimentos, indicações, comentários, interpretações, etc.

As sessões de Musicoterapia dedicadas ao movimento e à expressão corporal são realizadas em outro salão, mais amplo, com colchonetes finos que cobrem o espaço utilizável, uma pequena mesa para o toca-discos e um piano vertical.

A duração das sessões é também de cerca de uma hora e meia. Em todas elas utiliza-se o som como estímulo, embora em alguns momentos se trabalhe em silêncio, a partir das instruções.

A tarefa musicoterapêutica se desenvolve observando uma constante espaço-temporal, dada pela permanência do lugar e do horário das sessões. A existência dessa constante permite detectar claramente as variáveis no comportamento do grupo.

Área de expressão sonoro-musical

São os seguintes os itens trabalhados nas sessões dedicadas à expressão sonoro-musical:

Relaxamento. É breve e, de modo geral, precede a atividade a ser desenvolvida na sessão. Os pacientes, sentados em cadeiras, são induzidos a distender-se, fechar os olhos, respirar profunda e pausadamente, etc. Esses exercícios têm por finalidade conseguir um certo grau de concentração e de predisposição para o trabalho.

Audições de material discográfico. Os pacientes escutam diversos temas musicais de características claramente diferenciadas e são incitados a prestarem atenção, a fim de, mais tarde, comentarem idéias ou imagens que tenham associado aos temas, ou a desenharem, ou ainda a escreverem palavras soltas. Através dessa atividade procura-se familiarizar o paciente com estímulos sonoros variados, chegar a um primeiro conhecimento das reações e atitudes próprias de cada um e obter um material que possa proporcionar dados referentes ao conteúdo das fantasias dos pacientes. Por exemplo, Estela, 24 anos, *borderline*, marcada inibição sexual, ao escutar a gravação de uma improvisação de berimbau e guitarra, escreve: "– guerra – nativos – trem afastando-se – trem aproximando-se – trem aproximando-se e afastando-se lentamente – dança indígena – enterro – velório – suspenso – premonição – anúncio de destruição – destruição – desequilíbrio – guerra – apocalipse – fim – feras – loucura – súplica". Dá a isso o título de "variação-diversão", demonstrando assim os seus sentimentos ambivalentes diante dos estímulos que podem produzir nela associações e fantasias sexuais, vividas como perigosas e agressivas. Essa conduta estereotipada surge diante de qualquer estímulo mobilizador. Outra paciente, Norma, 30 anos, paranóica, sem deterioração, evita situações conflitivas e aplaca possíveis agressões com uma atitude conciliadora e complacente. Visivelmente perturbada por um tema musical, ela comenta: "muito lindo, agradável, bonito".

Atividade rítmica simples. Consiste em: 1 – ecos rítmicos de modelos dados pelo musicoterapeuta batendo palmas, batendo as mãos nas coxas ou os pés no chão; 2 – perguntas e respostas realizadas com os elementos já mencionados. A instrução é mais ampla, já que, dada a proposta rítmica, o paciente não se limita a repeti-la, mas dá uma resposta própria que não obedece necessariamente à métrica da pergunta. 3 – *Ostinati*: é uma execução conjunta na qual cada paciente reitera uma fórmula rítmica dada ou criada por ele. O ritmo é um princípio biológico de eficácia e, mais que uma pulsação ou batida, implica o reagrupamento das batidas em estruturas. Essas atividades são efetuadas também com instrumentos elementares de percussão construídos pelos pacientes. Elas têm como objetivo aproximar o paciente de uma nova forma de comunicação, estimulando, por outro lado, a criatividade e a integração grupal.

Comunicação através de instrumentos musicais. O diálogo musical é realizado da seguinte maneira: em primeiro lugar, pede-se a um dos pacientes que execute em seu instrumento uma frase à qual outra pessoa do grupo deve responder com o seu próprio instrumento, iniciando assim o diálogo. Todos os pacientes, dois por vez, realizam sucessivamente o mesmo trabalho. Mais tarde se efetua uma tagarelice instrumental coletiva, da qual devem participar, de modo alternado, todos os integrantes do grupo, e que tem todas as características de uma conversa: intervenções breves ou longas, silêncios, interrupções, participação simultânea, confrontos, apoios, etc. Essa atividade permite que cada paciente procure uma nova forma de relacionar-se com o outro, ou com a totalidade do grupo, e, mais tarde, possa compará-la com outras formas de comunicação utilizadas habitualmente. É possível observar condutas análogas ou contraditórias no que se refere à participação verbal no grupo de terapia, nas assembléias, etc., e conhecer a maneira pela qual cada paciente percebe o seu próprio comportamento e o do outro. Por exemplo: Nestor, 35 anos, esquizofrênico, em geral não participa, parece ausente e muito dificilmente se conecta nas conversações grupais. Na "tagarelice" instrumental, ele mantém um ritmo constante e intenso. Nestor opina que a sua forma de participação, que considera ativa, é semelhante no musical e no verbal. Estela, que normalmente lidera as conversas do grupo, monologando ou impondo-se ao resto, repete essa atitude, executando o seu instrumento musical sem períodos de silêncio, impedindo possíveis respostas dos outros e destacando-se devido ao volume utilizado. Ela admite comportar-se desse modo e consegue modificá-lo no plano musical. Essa mudança é vislumbrada mais tarde em outros aspectos de sua vida de relação. Outro paciente comenta acerca de Conrado, 45 anos, maníaco-depressivo, que este se limita a realizar ecos das ações sonoras dos outros. Essa é uma tendência habitual de sua personalidade, já que em geral ele participa como observador e evita assumir papéis de protagonista para acalmar seus perseguidores, colocados em objetos externos. Evidenciam-se assim os modos de relacionar-se característicos de cada paciente no grupo – modos que refletem, além disso, os seus modelos de relação no grupo familiar e aumenta a nitidez com que estes são percebidos pelos outros.

Exploração de sons corporais e instrumentais. Trata-se da busca de todos os possíveis sons provenientes do próprio corpo e dos instrumentos, com vistas à sua posterior utilização expressiva. Exemplo: uma vez conseguido um clima de máxima concentração, sugere-se aos pacientes que, com os olhos fechados, procurem identificar os sons provenientes do exterior (buzinas, portas, vozes). Quando a percepção e discriminação auditiva se aguçou, eles são induzidos a focalizarem a atenção no próprio corpo, começando pelos sons menos audíveis (respiração, deglutição, roçar de dedos sobre o corpo, etc.); são tomados e comentados exemplos individuais. Com esse trabalho, o paciente aprofunda o conhecimento do seu próprio corpo como unidade produtora e receptora de estímulos.

Isso ajuda a modificar a fantasia de corpo despedaçado, freqüente em esquizofrênicos. Valoriza-se o som como veículo de expressão, e não com critério estético. Com uma metodologia semelhante efetua-se a investigação de possibilidades sonoras em instrumentos musicais. A forma pela qual o paciente escolhe e executa o instrumento manifesta aspectos da sua patologia que permitem um novo trabalho, posterior, nas sessões.

Exploração de sons vocais: A forma de abordar essa atividade corresponde à metodologia utilizada na exploração de sons corporais ou instrumentais, mas é mais minuciosa. Existe geralmente, por parte dos pacientes psicóticos, uma tendência a inibir a vocalização livre; daí decorre que lhes sejam sugeridas grande concentração e entrega para realizar os exercícios. Ao mesmo tempo, podem ser incluídos elementos lúdicos para facilitar a tarefa; por exemplo: brincar de combinar vogais e consoantes entre si, inventando palavras, ou pegar palavras já conhecidas, como os nomes dos integrantes do grupo, e elaborar com eles diferentes estruturas rítmicas, melódicas, expressivas, etc. Em estreita relação com a atividade instrumental e com a possibilidade de comunicar-se por meio de sons, são efetuados exercícios de imitação do som de instrumentos com a voz, e vice-versa, estabelecendo assim diálogos com material heterogêneo. É freqüente os pacientes expressarem espontaneamente, com palavras, o que percebem de uma mensagem instrumental dos companheiros, podendo cada um reconhecer e avaliar a sua própria emissão de acordo com a maneira pela qual foi recebida pelos outros. Desse modo, são comentados a forma e o conteúdo das participações individuais e a sua influência no grupo, e, assim como em outras atividades de Musicoterapia, também aqui se procuram modificar parcialmente os possíveis obstáculos que entorpeçam o desenvolvimento fluente da relação grupal, além de ajudar a sentir o próprio corpo como produtor de diversos elementos de comunicação.

Improvisação. É efetuada de forma grupal, seja a partir de instruções concretas (por exemplo: usar apenas sons vocais, procurar exprimir determinado sentimento, etc.), seja com total liberdade. O paciente utiliza sons vocais, corporais e instrumentais, empregando na expressão o material das investigações de sessões anteriores, ou então o material que surge espontaneamente durante a improvisação. Essa atividade, além de, em geral, ser agradável aos pacientes, permite observar formas de comportamento e aspectos da dinâmica grupal tais como: condutas estereotipadas, possibilidades pessoais de expressão e criação, grau de coerência na ação grupal, lideranças, sabotagens, etc.

Expressão sonora e corporal de sentimentos antagônicos. Se o paciente possui elementos sonoros que possa utilizar expressivamente, é-lhe proposto que os agrupe de modo subjetivo, de acordo com as suas qualidades; por exemplo: agradáveis de um lado e desagradáveis de outro. Isso constitui um primeiro passo no treinamento da discriminação de afetos opostos, tentando-se logo que o paciente chegue a expressar sentimentos (por exemplo, agressão ou ternura), a partir de diversas instruções que incluem o trabalho individual ou grupal e utilizando sons vocais, corporais ou instrumentais e movimentos. Esse processo abrange várias sessões e é efetuado tendo-se em conta a ambivalência dos sentimentos de amor e ódio no psicótico. Sendo esses os afetos fundamentais – e coexistindo, como tais, sem conflito no paciente –, o trabalho visa a que ele os conheça e diferencie, e a que possa dar um nome ao que sente. Portanto, trata-se da mesma finalidade da interpretação em psicoterapia: que o paciente possa ver diante de si os seus conflitos e reconhecê-los como seus.

Reprodução sonora do caráter de discos escutados. Escutamse temas musicais de características distintas e a tarefa consiste em reconstruir o clima percebido durante cada um deles. Por exemplo, uma *baguala* do norte, lenta e nostálgica, em contraposição com um movimento *allegro* de um concerto para trombeta, bastante festivo. A possibilidade de discriminar e depois reproduzir emoções diferenciadas contribui para a aquisição de novos elementos para a expressão, já mencionada, de sentimentos antagônicos.

Audição de gravações de sessões anteriores. A partir de um trabalho musical coletivo, os pacientes têm a idéia de gravar as improvisações para poderem escutá-las em sessões posteriores. Manifesta-se assim uma tentativa de conservar e resgatar o que eles próprios produziram. Ao escutarem uma gravação, há pacientes que se reconhecem imediatamente nela, enquanto outros se mostram assombrados e desconcertados diante do que escutam. Daí o fato de as sessões continuarem a ser gravadas e escutadas periodicamente com vistas a diminuir essas sensações de estranhamento e facilitar o reconhecimento, por cada paciente, de partes de si mesmo percebidas como alheias.

Sonorização de situações concretas. Consiste em construir, usando apenas sons, uma história, um episódio ou uma imagem dada. É efetuada com uma finalidade predominante de integração grupal a partir da elaboração conjunta do tema proposto. Esse tipo de trabalho é incluído no momento em que certas circunstâncias (tais como a iminente chegada das férias ou a incorporação maciça de novos pacientes) possam originar conflitos no grupo. A situação representada com sons pode ser imaginária – por exemplo, uma excursão grupal em que figurem todos os detalhes (a viagem, os ruídos da natureza, etc.) – ou estar estreitamente vinculada à realidade – como no caso da sonorização do reencontro posterior às férias.

Audição de discos referentes a um tema específico. Depois do processo de reconhecimento de sentimentos antagônicos, os pacientes manifestam a inquietação de aprofundar um desses sentimentos e escolhem entre todos o amor. O musicoterapeuta propõe então que cada um procure temas discográficos que considere alusivos a esse afeto, tendo em conta toda a gama de sensações, formas e emoções que ele pode abranger. Deseja-se que o paciente aceite a existência de aspectos diferentes, e até contraditórios, dos seus próprios sentimentos.

Canções. Podem surgir espontaneamente no decorrer da sessão, como conseqüência de outra atividade musical, ou se incluir no planejamento correspondente. Trata-se em geral de canções populares e folclóricas. De todas as atividades da área sonoro-musical, esta, por se tratar de uma forma de expressão conhecida e que não exige um compromisso direto de exteriorização de conflitos próprios, é a que se torna mais fácil para o paciente. O entoar canções permite a fruição do prazer de uma ação compartilhada por todos, criando-se um clima de alegria e despreocupação importante para a integração e para a coesão grupal.

Área de movimento e expressão corporal

São os seguintes os itens trabalhados nas sessões dedicadas ao movimento e à expressão corporal:

Relaxamento. De modo geral, a primeira parte da sessão é dedicada ao relaxamento, cuja função primordial é preparar e dispor o corpo para o trabalho. Deseja-se que o paciente se distenda, se "solte" e consiga uma maior e melhor percepção do próprio corpo (esta última a partir do reconhecimento de zonas tensas, do grau de dificuldade para relaxar certas partes do corpo, da distribuição do peso e dos diversos pontos de apoio de posturas diferentes, do controle do ritmo respiratório, etc.). O estímulo para o relaxamento é dado, em alguns casos, através de instruções verbais e, em outros, por meio do som. Utiliza-se material discográfico, gravações, ou música executada no momento pelos terapeutas, que fazem uso de alguns dos seguintes instrumentos: tambores, maracas, flautas doces, guitarra, piano, celestino e vozes. Também se trabalha o relaxamento por imitação de modelos dados por um dos terapeutas (por exemplo: rotação de cabeça e ombros, tensão e relaxamento de membros superiores ou inferiores a partir de movimentos, etc.). Com exceção deste último tipo de exercícios, que os pacientes realizam de pé ou sentados, o relaxamento é efetuado com os participantes deitados de barriga para cima, procurando colocar-se na posição mais cômoda possível, e com os olhos fechados.

Esquema corporal. Não só por meio da interpretação em psicoterapia, mas também a partir da vivência concreta do próprio corpo, procura-se modificar a fantasia de corpo despedaçado ou desagregado, assim como a distorção das estruturas espaço-temporais do psicótico. Com essa finalidade trabalham-se vários aspectos estreitamente relacionados entre si e expostos aqui de modo separado com vistas à sua melhor compreensão.

Espaço. Induz-se ao conhecimento do espaço próprio e compartilhado, parcial e total; por exemplo: propõe-se aos pacientes que, deitados no chão, ocupem o máximo de espaço (separando, distendendo, abrindo, estendendo) e, cubram, depois, a mínima superfície possível (juntando, contraindo); que se incorporem, crescendo no espaço, e se desloquem, realizando os movimentos mais amplos e utilizando o maior espaço total; que se movam em diferentes direções, ocupando todos o mínimo espaço próprio e compartilhado; que ocupem, entre todos, o máximo espaço, criando grupalmente as formas mais amplas possíveis, ou então que ocupem o mínimo de espaço compartilhado, constituindo formas compactas e pequenas. Também se contribui para o reconhecimento, por parte dos pacientes, do espaço em que trabalham, por meio de exercícios como estes: perceber de modo tátil a superfície em que se apóiam; fazer com as mãos traços de diferentes formas e tamanhos, como se se desenhasse no espaço; diante de determinado estímulo sonoro, levar diversas partes do corpo a entrarem em contato com as paredes, como se estas as atraíssem magneticamente, etc., conseguindo-se assim que o paciente relacione o seu corpo com os objetos do ambiente, limites espaciais, medindo as distâncias entre eles a partir do movimento. Além disso, inclui-se o emprego de objetos como elásticos fechados de diferentes tamanhos, aros, etc., como meio para se conseguir uma melhor compreensão e utilização do espaço próprio e compartilhado.

A imagem própria e a do companheiro. Um dos trabalhos consiste em desenhar a própria imagem no espaço, o que permite detectar o conhecimento e a idéia que cada paciente tem do seu próprio corpo, a partir do grau de coerência entre a imagem real e a forma pela qual é descrita em movimentos. Por exemplo: Estela, ao desenhar a própria imagem, com uma mão realiza o movimento e, com a outra, vai apalpando, tocando as partes que desenha como referência. Contudo, não há relação entre as proporções reais e os traços que ela realiza. Além disso, Estela não desenha membros inferiores, o que coincide com o que conhecemos de sua história sobre a sua marcada inibição sexual. Para ela, da cintura para baixo o seu corpo não existe; ela nega as suas partes genitais. Norma, usando apenas uma das mãos, realiza movimentos rápidos e pequenos, reiterando-os de modo constante. O seu desenho é objetivamente indecifrável. Os movimentos que faz representam um controle obsessivo dos seus elementos psicóticos e demonstram o alto grau de confusão acerca do seu esquema corporal. Outras atividades referentes ao conhecimento da própria imagem são, por exemplo, os repetidos exercícios de relaxamento, nos quais se insiste no reconhecimento e na percepção de cada região, dos pontos de apoio, da superfície ocupada pelo corpo, etc.; realizar movimentos com os olhos fechados e, diante de um sinal, deter-se e imaginar a posição do corpo e a sua localização no espaço (depois, abrir os olhos e verificar se o que se observa coincide com a idéia de cada um); depois de realizar um trabalho corporal muito ativo, evocar o próprio corpo em movimento, o esforço realizado, as formas de usar os músculos; escutar sem se mover um tema musical (muito ritmado) e imaginar os movimentos e as ações que cada um realizaria. Em outros exercícios, feitos em duplas, um paciente propõe movimentos e o outro os reproduz simultaneamente, sob a forma de espelho; ou, por outro lado, um deles faz um movimento, realiza uma ação, e o outro a imita quando o primeiro a concluiu, na forma de eco. É preciso lembrar que, na área sonoro-musical, o eco rítmico é uma das atividades realizadas. O trabalho em espelho e o eco corporal permitem que o paciente reconheça e avalie a própria ação a partir da resposta ou devolução do companheiro. Nestor não imita exatamente o modelo; prolonga e modifica os movimentos, às vezes fecha os olhos; os seus movimentos em espelho em geral são posteriores aos do modelo. No trabalho de eco, ele procura reproduzir simultaneamente os movimentos do outro, confunde lateralidade e propõe movimentos semelhantes entre si, estereotipados. Ao concluir, fala da necessidade de dedicar-se mais tempo a cada parte desse trabalho, a fim de que lhe seja possível assimilá-lo. Esse paciente apresenta um delírio e um elevado grau de desorganização que o impede de distinguir-se do outro e de situar-se temporal e espacialmente em relação ao companheiro e à atividade em si. Assim sendo, as dificuldades manifestadas por Nestor são levadas em consideração em sessões posteriores, respeitando-se as suas necessidades no tocante ao tempo. Para que estruture melhor o seu esquema corporal, é preciso que o paciente diferencie e reconheça a imagem corporal dos seus companheiros. A observação e visualização da imagem do outro como uma totalidade contribui para que integre numa unidade as partes do próprio corpo, desagregadas na fantasia do esquizofrênico. Trabalha-se esse aspecto a partir de exercícios como: imaginar que se modela, molda, esculpe no espaço a figura do companheiro, observando cada detalhe e procurando respeitar ao máximo as proporções; durante um trabalho coletivo, parar o movimento diante de um sinal e observar a imagem e a postura de cada um dos companheiros; em dois grupos, um observa o trabalho do outro.

Tensão e relaxamento. Trabalha-se a partir de diferentes exercícios que tendem a conseguir no paciente um melhor manejo da tensão ou distensão dos seus músculos. Começa-se com os participantes deitados no chão e se conclui com movimentos e deslocamentos, a fim de que o paciente consiga perceber no próprio corpo e visualizar em seus companheiros regiões corporais rígidas ou relaxadas. Exemplo de uma sessão: 1) deitados de barriga para cima, retesar ou relaxar cada parte do corpo (rosto, braços, abdômen, etc.) a partir de instruções verbais; 2) retesar ou relaxar todo o corpo de acordo com um estímulo sonoro dado (flutuações de uma flauta de êmbolo: agudo para a tensão, grave para o relaxamento); 3) pressionar a parede com diferentes partes do corpo, como empurrando-a, ou descansar a partir dos sons de uma flauta doce; 4) mover-se como se se empurrasse um carro ladeira acima ou ladeira abaixo, segundo as flutuações da flauta de êmbolo; 5) alternadamente, deslocar-se como um boneco de pau (diante do som da caixa chinesa) ou de pano (com o pandeiro); 6) em duplas, deslocar o companheiro, empurrando-o como se fosse uma carga pesada (registro grave do piano) ou leve (registro agudo). O companheiro, por sua vez, deve oferecer mais ou menos resistência; 7) improvisar com instrumentos musicais, procurando expressar tensão-relaxamento, esforço-descanso, duro-mole.

Além de favorecer uma melhor constituição do esquema corporal, esse trabalho visa a modificar o controle dos impulsos que o psicótico deposita em seu corpo e a conseqüente rigidez corporal que lhe é característica. A diferenciação de ações e sensações corporais antagônicas possibilita uma melhor compreensão e discriminação geral de percepções opostas entre si.

Integração das partes do corpo em movimento. Induz-se ao movimento de diversas partes do corpo para chegar a integrar cada uma delas em movimentos que comprometem o corpo em sua totalidade. Deseja-se que, a partir da ação, o paciente consiga diferenciar e reconhecer como própria cada parte do seu corpo, a fim de poder incluí-la num todo estruturado.

Regressão. A partir do estímulo sonoro e do trabalho corporal, surgem no paciente estados regressivos no decorrer da sessão. Uma vez que as etapas às quais o paciente regressa são aquelas em que se sente mais seguro e protegido, essa experiência modifica a sua forma de enfrentar o presente. Cada vivência regressiva – e o seu posterior retorno – oferece ao paciente novos elementos experienciais que facilitam a sua conexão com a realidade. Produz-se então uma regressão formal em que os modos de expressão e representação habituais são substituídos por outros mais primitivos, uma regressão cronológica a uma maneira ou objeto de gratificação correspondente a etapas anteriores e regressões tópicas ou do pensamento dadas pelas lembranças, pelas evocações, etc.

Vejamos algumas sessões em que se trabalhou especificamente a progressão-regressiva. Na primeira delas, a instrução é mover-se com liberdade, enquanto se escuta repetidas vezes uma única canção. Os objetivos são: 1) Dar uma só instrução, ampla, que conceda um grau máximo de possibilidades de ação, que sugira movimentos sem determiná-los, isto é, que não induza a atitudes corporais concretas e específicas. Dessa forma, outorgar ao som musical o papel predominante e essencial na estimulação para o trabalho. 2) Utilizar como estímulo sonoro um único tema musical, muito doce, infantil, tranqüilo, suave, melódico, reiterativo, que se repete integralmente várias vezes para dar continuidade à ação, evitar imprevistos que possam perturbar a atenção no próprio trabalho e permitir que cada um disponha do tempo necessário para entregar-se a ele, investigar e reelaborar os próprios movimentos. 3) Ter a possibilidade de observar: a) efeito "regressivo" da música a partir da resposta de cada paciente; b) reação individual diante da amplitude da proposta e grau de dependência em relação às instruções dos terapeutas; c) iniciativa de movimentos e suas características; d) tendências ao trabalho individual ou grupal.

Os pacientes respondem da seguinte maneira: Estela (24 anos, *borderline*) imagina que tem um bebê e todos os seus movimentos representam ações dirigidas para ele (embalá-lo, protegê-lo, tomá-lo nos braços, acariciá-lo, brincar com ele). Conrado (45 anos, maníaco-depressivo) caminha lentamente ao ritmo da música, se balança e permanece por um longo momento acariciando o piso. Nos comentários finais, diz ter recordado durante a sessão o período em que seus filhos eram pequenos e ele os fazia dormir. Vemo-lo muito relaxado, a sua voz é mais grave do que de costume e ele fala lenta e pausadamente. Andrés (39 anos, esquizofrênico hebefrênico), depois de permanecer um momento deitado e imóvel, se incorpora e caminha margeando o espaço ocupado por seus companheiros. Nos comentários, diz ter imaginado que estes últimos eram bebês dos quais cuidava. Néstor (34 anos, esquizofrênico paranóico), no chão, adota a posição fetal, às vezes se acaricia e se abraça, fica muito quieto e parece adormecido. Ele é o único que não associa a música escutada com bebês. Na supervisão da sessão vê-se que Néstor, o paciente mais autista e, portanto, mais regressivo, não associa o tema musical com a infância porque, nesse momento, ele próprio se sente um bebê. Em todos os pacientes, o tempo psicológico é menor que o tempo real; parece-lhes que a sessão durou cerca de quinze minutos e se surpreendem ao perceber que transcorreram cinqüenta minutos. Em sessões posteriores, algumas das instruções a partir das quais se procura trabalhar aspectos regressivos são as seguintes: tornar-se pequeno, ocupar o "mínimo espaço", abandonar-se aos movimentos que um companheiro imprime, etc. Numa dessas sessões, todas as propostas sugerem o contato com o meio aquoso, como, por exemplo, a chuva, o mar, um banho de imersão. Num momento do trabalho em que a instrução é imaginar que se está flutuando dentro de uma pequena bolha, Andrés se senta em posição fetal e se balança em sentido ântero-posterior. Ele continua com esse balanço alguns segundos depois de concluída a música. Comenta que esse momento foi muito agradável e prazeroso para ele; diz ter ficado tão concentrado que, apesar de estar com os olhos abertos, praticamente não via o que o rodeava. Declara que a bolha e a água lhe sugeriram movimentos de balanço e que, em determinado momento, receou que a bolha se rompesse e ele pudesse cair. Observa-se que, a despeito do medo de perder o continente dado pela imagem da bolha, André pôde, de qualquer maneira, "fazer a regressão" e retornar dela, dando-se o tempo necessário, ao continuar por um breve instante a balançar-se depois de concluído o estímulo sonoro.

Comunicação não-verbal através do movimento. De início, sugerem-se aos pacientes diferentes imagens a partir das quais possam criar os seus próprios movimentos. Essas imagens se organizam em seqüências, como, por exemplo: uma viagem por diversas regiões (bosque, riacho, selva impenetrável, campo aberto); a representação corporal de elementos da natureza (flor que cresce, pássaros, espigas que se mexem com a brisa) ou tentativa de reproduzir com movimentos as características de diversos instrumentos musicais executados pelos companheiros.

Outro momento do trabalho consiste em mover-se livremente a partir de temas musicais dados. A comunicação corporal é abordada na seguinte seqüência de três sessões. Na primeira, a partir de diferentes temas musicais, cada um deve imaginar histórias ou situações próprias e traduzi-las em movimentos; na segunda sessão, são escutados primeiramente três temas musicais de características diferentes, a partir dos quais deve-se imaginar histórias ou situações que depois serão trabalhadas de modo corporal; mais tarde, um por vez, cada paciente escolhe um desses temas musicais e "narra", ou mostra com movimentos para os outros, o que imaginou durante a audição. Após cada trabalho individual, comenta-se o que foi realizado e a forma pela qual foi entendida a mensagem corporal; na última sessão desse ciclo, cada um deve pensar numa história ou imagem que queira transmitir aos seus companheiros, pedir aos musicoterapeutas o tipo de música que deseja executar para acompanhar o seu trabalho e, depois, expressar corporalmente a sua idéia. Esse trabalho permite que os terapeutas avaliem o grau de coerência entre o que o paciente expressa com o corpo e o que posteriormente verbaliza acerca do realizado, e brinda o paciente com a possibilidade de comparar a mensagem que procura transmitir aos companheiros com o que estes compreendem dessa mensagem. A linguagem corporal alude, de forma direta, ao inconsciente do paciente, já que seus movimentos e suas atitudes corporais, desprovidos do mascaramento defensivo das palavras, comunicam. A mensagem corporal se torna ainda mais clara para os companheiros do paciente, uma vez que estes possuem um nível de percepção diferente e característico, particularmente sensível aos conteúdos inconscientes dos símbolos.

Relação com o outro. O psicótico se fecha, se encerra em si mesmo, e distorce as relações com o objeto para escapar de um mundo em que se sente impotente para enfrentar conflitos insolúveis. Deseja-se que o paciente adquira uma noção mais clara de quem é o outro, bem como do vínculo existente entre ambos. Em Musicoterapia trabalha-se com a expressão corporal de afetos, utilizando-se voluntariamente o corpo como transmissor e receptor de sentimentos. Além disso, realizam-se exercícios de confiança em que um paciente se abandona às ações corporais de outro, o qual, por sua vez, é responsável pelo companheiro que dele depende. Por exemplo: um paciente com os olhos fechados se deixa guiar por outro através do salão, ou então se abandona, totalmente relaxado, aos movimentos que o outro lhe imprime.

A ausência de um esquema corporal claro e a distorção das relações espaço-temporais traz emparelhada a falta de consciência dos próprios limites corporais. Além disso, são freqüentes as fantasias de danos que podem ser sofridos através do contato com outro corpo. Em Musicoterapia trabalha-se, de maneira gradual, o contato físico com o outro, para que, a partir desse contato, o paciente experimente a sensação de limites corporais fixos e modifique as fantasias de perigo associadas ao contato corporal. Por exemplo: ele deve imaginar que as palmas das suas mãos são dois ímãs e que, diante de um estímulo sonoro, uma parte qualquer do corpo de um companheiro age como centro de atração magnética; ou deve responder à instrução de ocuparem, ele e os outros, o mínimo espaço compartilhado, a menor e mais compacta forma. Quando o grupo passa por um momento conflitivo (como, por exemplo, a iminente chegada das férias), a elaboração da situação permite enfrentar o conflito a partir de uma nova perspectiva dada pela experiência concreta vivida.

Som e movimento. Nas sessões de Musicoterapia dedicadas ao movimento corporal sempre se utiliza o som. Procura-se integrar a estimulação auditiva aos movimentos do corpo, ainda que em determinados momentos se trabalhe em silêncio.

Em algumas sessões trabalha-se com discos selecionados de antemão. O disco pode acompanhar os movimentos a partir de uma instrução dada ou funcionar como estímulo por si mesmo. Por exemplo, um tipo de recurso consiste em que os pacientes reproduzam situações imaginárias, tais como o vôo de um pássaro, o crescimento de uma flor, ou realizem movimentos livres com determinada parte do corpo. Para cada imagem sugerida (ou cada parte do corpo) se escolhem temas musicais com qualidades relacionadas com o tipo de movimento a que se induz verbalmente. Em outros trabalhos, os pacientes devem criar livremente movimentos a partir das imagens associadas ao tema musical.

Utilizam-se fitas gravadas quando a sessão exige um material sonoro de uma duração e continuidade não dadas através de um disco ou quando os sons a serem empregados não pertencem a um disco nem podem ser produzidos no decorrer da sessão. Por exemplo: na fita vinculada à sessão em que se trabalha com a idéia de meio aquoso são usados fragmentos extraídos de discos e efeitos realizados pelos musicoterapeutas – tais como o som dos movimentos da água num balde ou voz cantada para uma das imagens e celestino e guitarra elétrica com *wa-wa* e *vibrato* para outra. Em outros casos, a música é executada no momento pelos musicoterapeutas, como ocorre nas improvisações que freqüentemente acompanham o período do relaxamento e na execução de determinados temas que acompanham o trabalho corporal. O som dos instrumentos também pode funcionar como "sinal" nos exercícios em que os pacientes devem responder corporalmente a instruções sonoras estabelecidas, como por exemplo: fazer movimentos tensos ou relaxados de acordo com o registro agudo ou grave do piano ou da flauta de êmbolo; formar grupos cujo número de integrantes seja o indicado pelas batidas dadas num pandeiro, etc. Por último, o som para o trabalho corporal pode ser realizado pelos pacientes, como ocorre no exercício em que um deles deve improvisar num instrumento e os outros traduzirem em movimentos as características do som.

Desejamos recordar que o musicoterapeuta não desenvolve um programa. A atividade é gerada, germinada "em sessão", a partir das necessidades mostradas pelos pacientes, e não da perspectiva de uma tarefa imposta pelos terapeutas. O musicoterapeuta recolhe os emergentes gerados no/pelo grupo e procura canalizá-los e resgatá-los através de propostas de trabalho.

Essa resposta ativa do musicoterapeuta constitui, por si mesma, uma interpretação do que está acontecendo, operativizada numa instrução.

É possível ocorrer que, a partir da leitura de certas situações grupais, o musicoterapeuta decida "programar" uma tarefa específica para a sessão seguinte, mas, em nosso esquema e estilo de trabalho, confiamos mais na espontaneidade, sempre a partir de uma clareza nos objetivos terapêuticos.

Com ecos que fazem ondas em seu sangue
com os ruídos do fórceps
com canções de ninar
com o caos sonoro da sua infância
com melodias de amor
cantos de luta
hinos de Deus e marchas dos homens
quis lavar as manchas do Roscharch
solfejar os sim-não de Spitz
passar ao pentagrama os intencionais
silêncios e caldeirões de Calan
Tinha a estremecida pele de Hellen Keller
as bandas de possíveis melopéias
dos quatro Szondis
o piano manchado e a segura
eloqüência dos tambores mudos
E reaprendeu os jogos do desenfeitiçamento
para jogar no nível em que sempre

se enrodilhara o medo
numa amarelinha parecida
com uma mancha subida do inferno
e no eterno esconde-esconde no qual conta
até três somente e depois procura
procura e procura
e quando encontra grita
alma livre! para que saia
a que estava oculta
E com esse comércio de jogos
certas artes e intuições
e vendo a difícil saúde atrás dos muros
e sentindo
o sempre pronto amor
pôde unir um velho guarda-pó
à sua jovem guitarra
e tomou ofício
Agora consegue
ouvir o raio de luz como os cegos
as abluções da pequena aranha
e sobretudo
os teus pensamentos
Por isso não te assustes
não te assustes
o homem do tambor
embora também se vista de branco
é bom
Ele te disse
soas, ranges, fazes sinais, acenas
aplaudes, arrotas, gemes
soluças, assobias, ris, observas
e ainda não falaste irmão
Então ele te mostrou
um tambor-ventre
um mastro-falo
golpeia... golpeias
golpeias... golpeia
estão golpeando
como telégrafo
de ti para ele
dele para ti

e ele que era um é dois
pan... pan
pan pan... pan pan
pan pan pan... pan pan pan
pan... pan
Vão acabando o primeiro Mach
vai se romper a barreira do som
vai se quebrar o umbral da voz
e mais forte pedalam colcheias e sustenidos
numa bicicleta para dois
ou melhor
a golpes toques saltos
com os autos-bastão
vão remontando o ar curvo
da segura vibração
já medem esfenóides mariposas
já saltam cadeiras turcas
já vêem as mesmas coisas
da Crista Galli
(como as mesmas coisas)
um tambor ventre
um mastro falo
de ti para ele
dele para ti
a essencial e primeira
bateria de Deus
de ti para ele
dele para ti
e ele que era um é dois
O homem do tambor terminou
foi o seu ofício
é o seu Tao
Irmão, tu o soubeste
quando ao deixá-lo lhe disseste
Tchau![2]

2. *CHAO*, Víctor V. Argüelles, 18 de maio de 1981.

Ricardo Grimson

- Lanús, 1962.

Um paciente alcoólatra internado no serviço de Psicopatologia se embebeda no decorrer de sua internação. Foi possível estabelecer que a sua esposa lhe levou vinho, oculto numa garrafa de refrigerante.

- Lomas de Zamora, 1968.

Uma paciente crônica, participante de um grupo de ressocialização, vai voltando à normalidade pouco a pouco. A psicóloga encarregada do caso transfere-a para a unidade de terapia a curto prazo (Centro Piloto) e comunica aos familiares a sua melhora. O marido conversa com a psicóloga e tenta suborná-la, solicitando que não conceda a alta. Ele tinha se casado outra vez e tanto a paciente como a sua nova mulher ignoravam a situação.

- Vicente López, 1978.

Um paciente, ligado à sua família por um apego simbiótico, procura tornar-se independente. O processo é visto na terapia como um avanço. A família denuncia o paciente, declarando que está cada vez mais louco.

Os três casos têm em comum a sua localização no subúrbio de Buenos Aires, lugar do meu exercício profissional no decorrer dos anos. Eles exemplificam alguns dos mecanismos que as famílias põem em jogo para prolongar a invalidez de um dos seus membros.

Os casos mencionados nos chamam a atenção, talvez mais do que outros, porque assinalam uma oposição flagrante ao processo terapêutico.

No caso dos pacientes internados, a família é o campo no qual o paciente se delineia. É também o campo a que ele eventualmente voltará. No período entre a sua entrada na instituição e a sua saída dela, ter-se-á estabelecido um vínculo entre essa instituição e a família que, embora não seja central no processo terapêutico (para o nosso ponto de vista), tampouco é subsidiário. A família afeta o processo e o seu resultado de diferentes maneiras. Isso não é determinado pelo fato de as famílias serem boas ou más. Ou, melhor dizendo: essa caracterização – à qual nós, os terapeutas, somos propensos – não tem eficácia. Parece mais proveitoso conceituar a situação do ponto de vista da homeostase familiar (Jackson) e trabalhar – como o fez Sluzki num dos primeiros trabalhos originais sobre famílias[1] – com os parâmetros de satisfação/insatisfação/estabilidade/instabilidade. Esse quadro permite que se aborde o tema da determinação da internação de um paciente por sua família, assim como as alternativas de sua reinserção, que inclui a desestabilização do grupo e a alternância da patologia em seu interior.

Esse trabalho de Sluzki, de 1963, assinala no país a introdução das idéias do grupo de Palo Alto no campo da conceituação psiquiátrica. Aqueles que, como eu, se iniciaram na prática dessa disciplina naquele momento se nutriram de uma dupla vertente: a psicanálise e a teoria da Comunicação, não sem conflitos. O gosto pelo rigor conceitual e pela validação das hipóteses nos aproximava dos comunicacionalistas, enquanto a experiência clínica e a análise pessoal nos inclinavam para a psicanálise. Também nos irritava a postura preconceituosamente antipsicanalista dos autores da linha interacional e nos preocupava o desconhecimento da metodologia científica que os psicanalistas demonstravam.

Ao lembrar-se de uma experiência compartilhada há 15 anos, surpreende-me constatar o quanto da dicotomia se mantém vigente. Não avançaremos tendo apenas como base os desenvolvimentos

1. *Sociedad de Locos*, Nueva Visión, 1972.

de uma psicanálise cada vez mais preocupada com a vida acadêmica, ou os modelos teóricos que descartem a análise, mas, um dia, herdeiros menos rígidos fecundarão as duas linhas, buscando um quadro criador que substitua as limitações de cada enfoque.

Por volta de 1965, sob a influência dos estudos de Palo Alto e, sobretudo, de alguns "experimentos familiares" formulados por Haley, levamos adiante uma pesquisa da estrutura relacional nos grupos familiares formados por tríades de pai-mãe-filho, cujas variações consideraram três casos possíveis: diagnóstico de esquizofrenia, asma ou normalidade. A investigação abordou os níveis de conduta verbal e não-verbal registrados durante o desenvolvimento de um teste grupal. Os seus resultados foram publicados em outro lugar. Interessa-me comentar um dos efeitos da tarefa: ela me permitiu constatar a factibilidade de estender à investigação de grupos familiares a precisão e o rigor metodológicos característicos das pesquisas biológicas, por exemplo, e, ao mesmo tempo, entrever a limitação desse tipo de abordagem no que se refere a recolher a experiência do grupo. Creio que essa dualidade nos persegue de modo constante. Em resumo: precisamos de um rigor maior que o que empregamos em nossa tarefa clínica, já que a sistematização nos ajudará a propormos idéias mais ajustadas e duradouras, e devemos cuidar para que esse rigor não subtraia a riqueza experiencial da situação.

Naquela época, os trabalhos da sociologia das instituições causavam impacto no campo da saúde mental, ampliando a nossa concepção. Partindo dos Hospícios, Goffman mostrava que, para esse tipo de instituição, o paciente é acessório e o lugar principal é ocupado pela persistência da própria instituição, que no desenvolvimento do seu autocuidado, relega e denigre o paciente. Stanton e Schwarz mostravam que os episódios de excitação de um paciente internado – que parecem inesperados – podem ser remontados a desacordos disfarçados existentes entre diversos membros da equipe de tratamento. Como observa Weakland, o estudo de Stanton e Schwarz afirma que, ao produzir a excitação patológica do paciente por causa de desacordos do pessoal, a instituição atua sobre ele de modo comparável ao da sua própria família, perpetuando assim a situação patogênica. Por outro lado, essa situação institucional foi comparada com o comportamento das famílias cismáticas de Lidz.

Até aquele momento (por volta de 1967), e salvo exceções, o trabalho com famílias de pacientes internados não era encarado de modo sistemático durante a internação, sendo-o apenas na abordagem inicial e no processo de reinserção. Por essa época assumi um projeto de transformação institucional no Hospício de Lomas de Zamora. Eu tinha essa bagagem de conhecimentos, uma formação basicamente "lanusiana" no Serviço de Goldemberg e a intenção de desenvolver uma comunidade terapêutica que seguisse as linhas de Maxwell Jones, que havia visitado algumas vezes o país. O desenvolvimento da experiência foi documentado num livro e não interessa retomá-lo aqui; o que importa destacar é que, em paralelo com o que começava a ser feito em diversas instituições, estabelecemos a entrevista regular com o grupo familiar como trabalho de rotina no tratamento do paciente internado. Estamos falando antes de conseguir a cooperação da família no processo terapêutico desde o seu início, no decorrer do seu desenvolvimento e na sua finalização, do que de uma terapia familiar. Trata-se de um objetivo limitado, mas, mesmo assim, difícil de ser conseguido. Como clínicos da psicose, o nosso material de trabalho é a repercussão da patologia de um membro no grupo familiar, ao passo que o nosso plano de abstração é a participação da família na gênese da patologia por meio de mecanismos familiares. Mais que com os mecanismos de psicotização, deparamos com as tentativas de repsicotização quando a família demonstra uma intolerância em relação à cura. Um dos fatos mais chocantes da terapêutica ocorre quando se percebe que, em alguns casos, se está diante da negativa do grupo familiar em aceitar a reinserção de um membro, agora curado. Embora possamos discutir esse fenômeno a partir de diferentes modelos explicativos, trata-se de obter técnicas curtas e específicas que permitam encarar a situação. Procura-se treinar o pessoal assistencial a detectar o problema e capacitá-lo a resolver este último.

Quando a expulsão do membro pelo grupo (internação) foi brusca e caracterizada pelo desligamento, é normal que a família coopere pouco e mal no tratamento. Que seja difícil chamá-la, mesmo que para a troca rotineira de informações. Essas são as famílias que não se consegue reunir quando se pretende trabalhar com a alta do paciente. Parece claro, em alguns casos, que para a instituição o contrato de internação inicia um processo, enquanto, para a família, o mesmo ato o encerrou. É nesse momento da aceitação do paciente internado que a instituição deve definir-se como passível de assumir uma responsabilidade assistencial específica e limitada no tempo, devendo ainda restringir a sua própria tendência à idealização, que pode levá-la a apresentar a sua tarefa como mais transcendente e duradoura. A fantasia de delegação e a fantasia de recepção devem ser explicitadas e definidas.

Mesmo no caso das famílias que colaboram, o possível benefício da internação se sobrecarrega de expectativas desmedidas. Outras famílias parecem crer terem adquirido a instituição como agente de consulta permanente de qualquer situação. Isso leva ao apagamento do fato significativo: a internação diferenciou um membro do grupo em relação ao conjunto e a terapia do grupo familiar o é na medida em que a existência de um paciente identificado é reconhecida, por mais que isso contrarie as nossas teorias. A internação de um membro pela instituição propõe uma característica que difere daquilo que idealmente gostaríamos para uma terapia de grupo familiar. Reconhecemos uma ansiedade excessiva nas famílias que tendem a sobreutilizar a instituição responsável pela internação. Do ponto de vista da instituição, isso pode chegar a tornar-se intrusivo. É o caso da família que nos leva a pensar que todos querem ocupar o lugar do paciente. Em grupos desse tipo, é comum observar-se a alternância de patologia. Quando A é curado, B adoece; quando B melhora, C cai enfermo. A instituição deve proteger-se da ansiedade excessiva defendendo o direito do paciente internado a uma atenção diferencial e realocando as condutas de ansiedade.

Há famílias pouco cooperadoras que mostram desde o início uma dificuldade em reunir-se nos horários propostos pela instituição. Se esta amplia ao máximo suas possibilidades, elas consideram o esforço natural. O terapeuta sente que o excepcional é tomado como rotineiro. Essas famílias tendem a interromper o tratamento quando o paciente começa a melhorar. Desarticulam o processo que vai de uma melhora sintomática à cura mais integral.

Tendem à repsicotização por interrupção do tratamento. Atribuem a eventual necessidade de uma reinternação do paciente ao tratamento efetuado e não à sua interrupção.

Caso (A)

Pai: "O senhor sabe, doutor, que eu reconheço que o meu filho precisa tratar-se, mas não estou de acordo com algumas coisas do tratamento. Não acredito nos remédios."

Esse pai – cuja esposa é dona de uma farmácia, embora ele não creia nos remédios – encaminha o filho a um tratamento homeopático e estimula condutas bizarras, tais como o hábito da comida macrobiótica. De modo quase previsível, quando piora, o filho ingere uma sobredose de medicamentos que a mãe guardava. Quando o paciente começa a melhorar, a família interrompe o processo de alta antecipando-se ao prazo proposto pela instituição.

Caso (B)

Uma jovem casada de 25 anos comparece ao tratamento institucional acompanhada do marido. Sofre de um estado de confusão e indecisão. É chamada sua família de origem (pais e irmãos), que comparece para demonstrar antes a sua preocupação com a responsabilidade financeira que com a situação diagnóstica ou prognóstica. Compromete-se a uma participação econômica mínima e se nega a comparecer às entrevistas regulares. Depois de internarem a filha, os pais viajam para a Europa. Ao regressarem, após 45 dias, a filha está melhor, mas os pais insistem no fato de ela não ter escrito cartas e de mostrar uma crescente independência.

Exigem da filha maior contato com os pais, denegrindo o genro e a família deste. Exprimem repúdio diante dos psicanalistas, dos que fazem análise e dos que têm prazer no sexo.

Mãe: "Uma vez perguntei ao meu ginecologista, enquanto me examinava, como ele, depois daquilo que é tão desagradável, conseguia ter prazer no sexo. E ele me respondeu: é que a pessoa se esquece, senhora."

Essa família sobreimprime uma série de oposições à confusão da paciente:

gostamos de você e não podemos ficar sem você
vs.
vamos viajar para a Europa e você precisa escrever aos seus pais

desprezamos o seu marido e a família dele
vs.
não sei como podem passar um fim de semana sem visitar-nos

você está muito doente
vs.
você devia trabalhar

você está nos fazendo gastar muito dinheiro
vs.
mamãe ganhou na loteria

não vamos comparecer às reuniões da clínica
vs.
temos direito de saber o que está acontecendo

A situação de oposição e de não-cooperação se torna não-trabalhável, já que o confronto da família é exercido a partir de fora do tratamento. Decidimos prescindir da sua colaboração econômica e não aceitar que pagassem pelo que não aceitavam. Isso pôde ser acertado com a paciente e o marido, definindo-se assim uma situação com os participantes. É óbvio que a família de origem da paciente busca a simbiose e considera a crescente independência da paciente como uma ameaça aos seus valores e ao sentido da sua vida. Polônio diria sobre a paciente: "Há razão em sua loucura."

Caso (C)

Um jovem de 26 anos apresenta um quadro clinicamente semelhante, mas a família coopera com a instituição, embora possa ser vista como mantenedora de uma situação simbiótica que não favorece a libertação do paciente. Em certo momento, é realizada uma sessão de família com um consultor que não pertence à instituição. Diante da possibilidade de o jovem desenvolver uma relação de dupla antes da viagem de férias de sua família, o consultor propõe o seguinte acordo: se entra nessa relação, você não sai de férias com os seus pais, aconteça o que acontecer. Pai e filho aceitaram. Os fatos assinalaram esse momento como fundamental no processo de libertação.

Aparentemente, a característica de cooperar ou não com o tratamento institucional constitui algo vinculado à patologia psicológica, ou seja, uma variável que deve ser entendida como inscrita num nível social. Trata-se de uma política de mistificação (diríamos, com inspiração lainguiana), uma maneira determinada de contemplar a vida e de decidir sobre o próprio e o alheio. A família do homem é capaz de tolerar a diferenciação e preferiria um filho que diferisse das suas expectativas a um filho morto, louco ou destruído. Creio que a família da jovem preferiria que morresse ou enlouquecesse a que fosse diferente do planejado.

Outro tipo de família observado é a que delega o tratamento e desaparece, apresentando dificuldades para ser localizada e incluída no processo terapêutico. Em alguns casos, isso é facilitado por se tratar de famílias cujos integrantes estão isolados ou separados.

No campo das relações instituição-família, destaca-se a necessidade de um quadro conceitual e técnico que garanta condutas eficazes. Em minha opinião, isso vem sendo conseguido através do desenvolvimento do modelo interacional, que parece ter uma fértil capacidade de organizar estratégias. Deve-se notar que, no campo da tarefa com famílias, a conceituação psicanalítica se tornou mais um inspirador histórico que um modelo capaz de gerar novos desenvolvimentos. Como determinante dessa situação está o desprestígio a que, a partir da psicanálise acadêmica, foram condenadas as ações assistenciais, aliado à limitação de uma teoria que se torna doutrina e que não prepara para enfrentar um pai concreto e nada metafórico que, diante de nós, sabota, propõe, coopera, espera, exige, refuta, define, ajuda. Perante ele, o terapeuta que só conta com a psicanálise cai com freqüência numa contemplação. A instituição, a família, a psicose, exigem uma participação. O plano do institucional não pode ser reduzido ao nível do psicológico nem o nosso papel, ao de compreender o que ocorre. As instituições se inscrevem como entidades que se relacionam com a cultura de uma época, com os seus preconceitos, os seus interesses, as suas tradições. Como agentes institucionais, desenvolvemos então uma política referente à cultura de um país e de uma época. Essa participação pode ter um quadro conceitual interacional, comunicacional, lainguiano ou psicodinâmico. Em sua inteireza, ele é motivo de outro tipo de discussão. É menos importante que o enquadramento adequado da tarefa, com vistas a que uma grande parte da cura não fique sujeita ao acaso.

A experiência cultural argentina provavelmente levará o problema das terapias familiares a desenvolvimentos diversos. O surgimento posterior de modelos característicos das nossas circunstâncias é algo que seria de esperar. Creio que, antes, deveria haver um acordo, não nas particularidades das linhas de trabalho, mas em problemas da estratégia assistencial. As instituições devem problematizar o ponto da relação com as famílias, do agente que encara essa relação e do treinamento e supervisão que a instituição oferece.

Como uma contribuição para o problema da relação das instituições com as famílias, queremos propor uma descrição de situações típicas. As observações derivam do trabalho desenvolvido desde 71 com famílias de pacientes internados parcialmente num Hospital de Dia: a Comunidade Terapêutica de Vicente López.

Observamos que, em sua relação com a instituição, as famílias tendem a agrupar-se preferencialmente em um destes quatro grupos:

1) a delegação
2) a sobreinclusão
3) a cooperação
4) a oposição.

No primeiro caso, a *delegação*, o paciente fica desligado do grupo familiar e este se afasta da instituição. É difícil manter contato, chamar regularmente, em suma, trabalhar com a família, que parece querer fugir do problema. O terapeuta se sente usado, abandonado, e reconhece que deve realizar a luta contra a fragmentação familiar na qual o paciente já fracassou. Uma situação de perigo para o processo terapêutico pode ser desenvolvida se a instituição fica paralisada ou é deixada aos seus próprios critérios.

No segundo caso, a *sobreinclusão*, o grupo familiar confunde a inclusão do paciente na instituição com a sua própria pertinência. Começa a exigir assessoramento e orientação em todo tipo de problemas. O terapeuta, como representante da instituição, se sente assediado por pedidos persistentes. É difícil afastar a família sem que ela volte a reaparecer. Parece querer estorvar. O terapeuta deve procurar definir o papel da instituição como o de cuidado primário do paciente, eliminar a invasão. O que põe em perigo a tarefa é o fastio na instituição.

No terceiro caso, a *cooperação*, o paciente é acompanhado por sua família até enquanto a instituição se encarrega dele. As especificidades e responsabilidades são delimitadas com clareza. O terapeuta se sente bem aproveitado. A família quer beneficiar-se, mas reconhece uma urgência prioritária: a do paciente. Se tivéssemos de assinalar um perigo, diríamos ser a mútua idealização aquilo que, em alguns casos, pode impedir o aprofundamento.

No quarto caso, a *oposição*, o paciente é levado à instituição apesar do desacordo de alguns membros do grupo familiar. A família nega a doença, ou a reconhece mas se exclui. Recusa-se a colaborar, não por dispersão, mas por passar a ocupar uma trincheira oposta. O terapeuta sente que a sua função não é compreendida e só consegue resgatar a sua tarefa se pode contar com um subgrupo cooperativo. O perigo está em responder à hostilidade da situação com rancor.

Por último, desejo referir-me a um aspecto da relação entre a instituição e o paciente internado que acredito ter dado lugar a formulações equivocadas, aspecto esse que resulta numa paralisação do processo terapêutico. A instituição assistencial não é uma família alternativa e consideramos que não deve pretender sê-lo. Essa forma de encarar as coisas é influenciada por um psicologismo que reduz o nível assistencial a alguns dos conteúdos psicológicos implícitos, desconhecendo a natureza da instituição. No caso das comunidades terapêuticas, o que se propõe é um modelo alternativo de relação, vinculação e processamento; para isso, a comunidade deve oferecer novos planos nos quais se forjem experiências e, sobretudo, novas formas de legitimar a participação em cada um desses planos. Quando se apresenta como família, a instituição detém o processo e corre o risco de repetir a situação patogênica. Essa paralisação pode ocorrer a partir da tendência da instituição em apresentar-se como uma família ou a partir da tendência do paciente em induzir uma percepção familiar de suas vinculações. A tarefa terapêutica institucional passa pela "desfamiliarização" do vínculo com o paciente.

Descrevemos algumas das características da relação que se estabelece entre a família e a instituição. Mencionamos alguns dos desenvolvimentos conceituais na área. Interessa resgatar a idéia de que as instituições são organizações de grande complexidade, vinculadas não apenas à sua tarefa – em nosso caso, a cura –, mas também à relação entre essa tarefa e a cultura da época; não apenas à implementação de técnicas orientadas para a saúde, mas também ao conflito da administração de tais recursos no que diz respeito a discernir a sua adequação, preparar o pessoal e exercitá-lo na escolha da oportunidade de intervenção. Desse modo, a família se vincula a uma organização que, ao lado de lhe prover saúde, pode ameaçar os seus valores, as suas formas particulares de equilíbrio, as suas maneiras de perceber a realidade. O conflito não é só de opiniões, mas, basicamente, de poder. O bom ou o mau uso da instituição se ligará à clareza com que esta atuar num campo complexo no qual se pretenderá usá-la, subordiná-la, dirigi-la. A cura ocorrerá no social que vai da interação do paciente com a sua família à interação dessa família com o mundo.

Resumo

Este capítulo analisa a relação que se estabelece entre a família e a instituição no caso dos pacientes internados. Ele se baseia na experiência do autor em vários estabelecimentos, especialmente, nos últimos anos, na Comunidade Terapêutica Vicente López (Hospital de Dia).

São descritos quatro tipos de relação: a delegação, a sobreinclusão, a cooperação e a oposição, estabelecendo-se o papel do terapeuta nessas relações e a estratégia adequada para evitar a paralisação no decorrer do processo terapêutico.

Afirma-se ser necessária atenção para o fato de que a vinculação com uma instituição não pode ser entendida exclusivamente no plano psicológico, já que a instituição como administradora de recursos de saúde enfrenta, na família, um segmento de interação social que se relaciona com as idéias, os preconceitos e valores que uma época sustenta. É por isso que deve ser incluída a categoria de poder.

As estratégias mais adequadas para a formulação desse tipo de problema parecem derivar dos modelos interacionais e das concepções da sociologia das instituições aplicadas ao campo da psiquiatria.

A cura deve ser entendida como um processo de interação em que a instituição propõe modelos alternativos de participação e expressão. Esses modelos devem evitar cair no erro conceitual de reproduzir os padrões familiares – produzindo uma nova patologia – e de transformar-se em famílias ideais. Parte da tarefa da instituição de cura é procurar "desfamiliarizar" o vínculo que se estabelece entre o paciente e a instituição, vínculo que às vezes é fomentado pelo paciente – como repetição – e às vezes pela instituição, a qual propõe uma imagem idealizada de si mesma, como se a sua tarefa tivesse um alcance mais amplo do que o conveniente.

Afirma-se ser estéril entabular discussões de linhas de trabalho que tenham o caráter de confrontos dogmáticos num campo ainda jovem. Torna-se mais proveitoso entrar em acordo sobre a necessidade de encarar o problema da família, sobre o tratamento do paciente internado, sobre a necessidade de elaborar estratégias operantes e sobre o problema de capacitar e supervisionar o pessoal que vai realizar o trabalho.

Ricardo Grimson
Carlos D. Fregtman

Leituras: psicodinâmica, interacional e social.

Os pacientes escolhem espontaneamente instrumentos musicais.

	Leitura psicodinâmica	*Leitura interacional*	*Leitura social*
Edgardo escolhe o bumbo	A escolha do instrumento tem um significado em termos de sua história pessoal (atuação)	O instrumento escolhido tem uma função organizadora	Busca a liderança organizadora (através da liderança rítmica)
Leticia escolhe o raspador	A escolha do instrumento tem um significado em termos de sua história pessoal (submissão)	O instrumento escolhido tem uma função de acompanhamento	Segue o líder
Alicia escolhe o metalofone	Expressa aspecto parcial de sua problemática (defesa histérica)	O instrumento escolhido tem uma função expressiva	Busca a liderança expressiva
Gustavo escolhe a flauta	Conduta franca não habitual	O instrumento escolhido tem uma função expressiva	Busca a liderança expressiva
Mario não escolhe nenhum instrumento	Expressa sua paralisia (defesa esquizóide)	Não se põe em evidência	Busca não ser observado

Antonio aceita a iniciativa proposta pelo coordenador (musicoterapeuta) de tocar os pratos	Expressa dependência	Participação esporádica (descontínua)	Segue a liderança do terapeuta
Carlos (o musicoterapeuta) escolhe a guitarra	Necessidade de guiar	Função coordenadora	Coordenação

Os pacientes começam a explorar sonoramente os seus instrumentos.

Surge um ritmo e, sobre esse tempo (ágil, vigoroso, dinâmico), é construída uma improvisação musical coletiva.

O musicoterapeuta cria uma base harmônica com a guitarra (torna coesa a produção grupal).

O grupo soa afinado e integrado.

Pela primeira vez numa sessão, Alicia põe um par de óculos, para "poder ver o que toca" (segundo comentários dos outros pacientes).	Atitude de maior compromisso. Abandona resistência.	Vinculação positiva com o terapeuta.	Relação cooperativa.
Na sessão anterior, Gustavo havia dito que Alicia tocava automaticamente, sem olhar, sem prever a nota que ia soar, sem prestar atenção. Hoje, Alicia se esforça por escolher a ordem dos sons que produz (procura uma melodia). Ainda não incorpora variações, nem no elemento rítmico (silêncios, pausas, intervalos distintos			

de tempo entre um som e outro, compasso), nem na intensidade das notas. Toca "continuamente" e com o mesmo volume.			
Edgardo marca o acento rítmico na improvisação. Funciona como base, "sustentando" os outros instrumentos. Sua pulsação é muito segura.	Conduta autônoma. Melhora a auto-estima.	Independência diante do terapeuta.[1]	Liderança.

Podemos reconstruir a observação do musicoterapeuta, que orienta a sua tarefa como se estivesse escalonada de acordo com dois eixos. No eixo longitudinal se manifestará a coalizão dos indivíduos num processo grupal. No eixo transversal se registrarão, em planos diferentes, leituras possíveis dos fenômenos.

Mas o que reconstruímos escalonadamente ocorre como simultaneidade, apresentando-se ao terapeuta sob a forma de um "clima" passível de modificações.

O terapeuta registrará dispersão, dificuldade de iniciar a tarefa, desânimo, ansiedade, etc.

Situará o seu acionar sob a forma de instruções, propostas e sugestões.

Proporá, através de diversos recursos técnicos, de preferência não-verbais, o conseguimento de uma interação que, ao resultar significativa, possa ver-se como núcleo de uma integração.

A experiência nuclear é a possibilidade de partir do isolamento e alcançar algo em conjunto. Compartilhado.

A possibilidade de fazer, a descoberta e a reflexão sobre tal possibilidade abrem brechas férteis, caminhos na desalienação.

1. Em relação com sessões anteriores.

Três áreas em ação.

Voltemos à sessão.

Já indicamos os três níveis operativos da Musicoterapia. Agora, terminaremos a narração da nossa sessão a partir dessas três áreas, que costumam expressar-se de forma simultânea, mas que isolaremos a seguir com o objetivo de desenvolver a nossa conceituação.

Prossegue a improvisação musical grupal.

A improvisação musical é uma manifestação espontânea em constante evolução e desenvolvimento. Podem surgir, quanto à variação dos estados emocionais, passagens por diferentes matizes ou "cores", mudanças de instrumento, diálogos pré-verbais, alternâncias de sons e movimentos, interrupções, oposições, mudanças de localização espacial, modificações rítmicas, intervenções solísticas, etc.

O fato de uma improvisação se "manter" por um longo espaço de tempo não significa ser ela uma expressão repetitiva e estática; trata-se, pelo contrário, de uma expressão dinâmica e enriquecedora. A improvisação pode funcionar como uma "conversa" musical coletiva.

Na sessão, o grupo modela (com a matéria sonora) uma forma que apresenta uma estrutura semelhante à que encontramos nas obras musicais clássicas, e que possui intervalo de ataque, região de estabilização sonora e intervalo de extinção. Essa forma global (delimitada por uma forma envolvente total) inclui outras formas, com os seus respectivos ciclos. A forma total registra um clima ou "cor" geral e, paralelamente, as subformas nos mostram outros momentos ou climas da sessão, mantidos, cada um deles, por uma emoção básica particular.

Quando uma só nota de um único instrumento se combina com as de outros instrumentos e vozes, e quando todos esses sons começam a mudar no tempo para criar melodias e contrapontos, o resultado é uma complexidade sumamente intrincada e entrelaçada de ritmos que supera qualquer possível solução em termos das relações entre as suas diferentes partes ou componentes individuais.

Essas complexidades só se resolvem em termos estéticos e de maneira global. A "solução" é uma só emoção viva e unificada. (G. Leonard, *The silent pulse*).

Área Sonora	*Área Corporal*	*Área Verbal*
	O coordenador larga a guitarra. Aproxima-se de Leticia, que toca o raspador, passando-lhe um pequeno metalofone (sistro).	

O instrumento de Letícia (raspador-güiro) dispõe de poucas possibilidades de execução e variação.

Área Sonora	*Área Corporal*	*Área Verbal*
Alicia (metalofone), Letícia (sistro) e o musicoterapeuta (xilofone) formam uma seção instrumental com características próprias e diferenciadas dentro da improvisação mais geral.	Forma-se um espaço delimitado por Letícia e Alicia (sentadas juntas) e o musicoterapeuta, que está diante delas. Sorriem.	
Criam uma trama melódica entre os três, complementando-se, e a repetem à maneira de *ostinati*.	Balançam cadenciadamente o corpo no sentido ântero-posterior, imitando um movimento de Letícia.	
Procuram soar como um único instrumento.		
	O coordenador retira algumas placas dos metalofones.	

Nesse ponto da sessão, o som e o balanço se constituem em modos (meios) de relação e intercâmbio.

Quando se retiram duas notas da escala natural (si-fá), obtém-se uma progressão pentatônica (cinco sons) muito fácil de combinar. É uma escala básica de improvisação, muito usada em culturas primitivas e na maioria das canções folclóricas e infantis do mundo inteiro.

O som dos metalofones e do xilofone se homogeneiza.

Alicia observa detidamente seu instrumento enquanto o percute.

Quando se têm menos placas, precisa-se olhar com maior atenção o lugar onde percutir (elemento previsto pelo coordenador).

Alicia: (ao musicoterapeuta): "Você me empresta o seu xilofone?"

O coordenador o pega, convidando-a, com um gesto, a tocar.

Agora Alicia toca dois instrumentos (xilofone e metalofone).

Essa é uma ação incomum de Alicia, já que ela sempre escolhe o instrumento mais próximo, o que está mais "à mão", e não o troca durante toda a sessão. É a primeira vez que toma semelhante iniciativa.

A melodia da improvisação é liderada por Gustavo, com a flauta.

Carlos procura exprimir com movimento o que a melodia lhe sugere.
Pega outra flauta.

Inicia-se um diálogo sonoro entre Gustavo e Carlos (duas flautas). O musicoterapeuta procura apoiá-lo com uma linha melódica paralela (segunda voz).

O diálogo instrumental é um dos recursos mais usados na improvisação para estabelecer uma "conexão" particular com o outro.

Gustavo se aproxima do coordenador, como se tentasse transmitir-lhe uma idéia musical a ser desenvolvida.

Gustavo: "Siga-me com a sua flauta; assim o faremos em duo".

Na improvisação, retoma-se o tema inicial.

Edgardo entrega a guitarra a Carlos (sem deixar de tocar seu instrumento).

A improvisação é concluída.

Musicoterapeuta (a Mario): "Você não tocou nenhum instrumento. Não tinha vontade?"
Mario: "Estou com raiva. Dsconfiado e, além disso, incomodado".

Mario pega um pandeirinho e experimenta alguns sons.

Atira o pandeirinho. Pega-o outra vez e o deixa em seu lugar. Acocora-se num canto e tapa a cabeça com um almofadão.

Musicoterapeuta (como se refletisse em voz alta): "O que deve estar acontecendo com o Mario?"
Antonio: "Vou lhe mostrar com uma cena".

Antonio se movimenta como um "detetive" em busca de pistas. Observa com a sua lupa imaginária, cheira e procura escutar a distância. Caminha bem de leve, como se pretendesse não ser descoberto.

Edgardo: "Pensa que vamos descobrir seus defeitos naquilo que tocar".
Antonio: "Sim, que descobriremos o que pensa através de sua música".
Edgardo: "Isso, você não toca para não se revelar".

Gustavo começa a percutir um pandeiro.

O coordenador associa aquilo que o grupo traz com a dificuldade de Mario no sentido de se relacionar e de se comunicar em outros lugares. Ele vive numa pensão e teme sair de seu quarto, já que, numa construção delirante, pensa que os outros pensionistas leriam, através dos seus gestos e movimentos, os pensamentos que tem.

Gustavo continua com seu ritmo percussivo, sem prestar atenção, ao que parece, àquilo que está sendo dito.

Alicia: "Pare, você deixa o Mario nervoso".

Mario procura entre os instrumentos e escolhe outro pandeiro (muito semelhante ao de Gustavo). Pára e se dirige ao lugar onde Gustavo está; detendo-se diante dele, senta-se.

Mario une seu ritmo ao de Gustavo. Tocam com vigor. Procuram um ritmo comum. Aceleram o compasso. A música aumenta progressivamente de intensidade e tempo.

Olham-se fixamente nos olhos.

Os outros pacientes marcam o acento rítmico, golpeando o solo (pulsação). Pouco a pouco, o compasso diminui e o ritmo se extingue.

Acompanham o ritmo com movimentos de ombro e cabeça.

Musicoterapeuta (a Mario): "Escolha o instrumento da sala com o qual se sinta mais à vontade".
Mario: "Poderia ser a trombeta. É muito boa para incomodar".

Na semana anterior, Gustavo trouxera uma trombeta para a sessão; como não sabia tocar, emitia um som que o resto do grupo achara muito desagradável.

Alicia: "Vamos, Mario, algum que tenhamos aqui".

Procura e por fim escolhe a melódica.

Mario: "O mais parecido com a trombeta".
Carlos: "Vamos ver como você a faz soar!"

Começa com uma só nota, tocando-a repetidas vezes. Emite sons de intensidade elevada (volume alto).

Nos corpos de seus companheiros, surgem sinais de tensão e ansiedade.

Mario começa a variar as notas e o volume diminui. Toca uma melodia simples, muito suave. Percebe-se que ele está concentrado e "metido".

O grupo se "distende". Podem relaxar.

O coordenador começa a cantarolar uma melodia, acompanhando Mario.
O grupo se integra, com outros instrumentos musicais.

Carlos: "Todo instrumento pode ser compartilhado com outra pessoa".

Gustavo e Edgardo compartilham de um xilofone.
Leticia e Alicia, o bongô.
Antonio e Carlos, a guitarra.
O musicoterapeuta (Carlos) continua cantarolando a melodia que acompanha a melódica de Mario. A música fica cada vez mais suave, quase inaudível.

Pegam-se pelos ombros.

Leticia pára.
Pega de uma harmônica.

É a primeira vez que essa paciente escolhe um instrumento por iniciativa própria.

Começa a "tirar" uma melodia.

Carlos: "Vamos escutá-la, deixando que a música ressoe em cada um de nós".

O resto do grupo se mantém em silêncio.

Caminha pelo aposento. Anda com os olhos fechados.
Chora.

Termina o "solo" de harmônica.

O terapeuta se aproxima de Leticia.

Leticia (com voz entrecortada): "O som da harmônica me lembra uma sirena de um barco... de papai, que não está e que se foi nesse barco. É doloroso reconhecê-lo, mas às vezes eu o estranho."

Leticia e o coordenador se confundem num abraço.

Mario: "Estou com o pescoço tenso".
Carlos (a Edgardo): "Por que não tenta relaxá-lo com uma massagem?" Você se lembra de que, na semana passada, tinha dores nas costas e se sentiu muito melhor com uma massagem?"
Edgardo: "Sim, e depois falei desses medos".
Mario: "Não, isso me faz cócegas".
Carlos: "Bem, experimentem com a baqueta do tambor. Ela "tocará" as suas costas como se fosse um instrumento. Assim não vai fazer cócegas em você".

Edgardo se aproxima de Mario e, com a baqueta, procura "relaxar-lhe" o pescoço. Mario vai se distendendo. Edgardo experimenta com uma mão e, como não encontra resistência, procura ajudar Mario, fazendo-lhe uma massagem no pescoço com dedicação e suavidade.

Mario: "Agora me sinto um pouco melhor".
Edgardo: "Vocês viram que sirvo para alguma coisa".
Musicoterapeuta (ao grupo): "Fechem os olhos e digam algumas palavras que surgirem espontaneamente".
Grupo: "Cansaço, luz, ajuda, enfermidade, saída, futuro, caminho, percorrido, passagem, deslocamento...".

Enquanto os pacientes falam, o musicoterapeuta responde com o som de uma tumbadora, ressoando com cada palavra, cada emoção...

cansaço...

pamm pamm pa pa pamm

luz...

tákata tákata tan tan tann

ajuda...

po po pom po po chi bumm

Musicoterapeuta: "Cada um procure outro lugar no aposento onde se sinta à vontade".

Eles se levantam. Trocam de lugar.

Gustavo: "Por que não terminamos a sessão com uma canção que vá crescendo pouco a pouco e acabe com toda a intensidade?"
Mario: "Pode ser aprendi-

zagem (canção conhecida pela maioria dos pacientes)".
Gustavo: "Eu a toco na guitarra e vocês cantam".

Alguns cantam e outros acompanham a canção com instrumentos.
"Quero saber onde devo ir, não quero ficar sem poder crescer, aprendendo as lições para ser
la ra la la
la la la la la...".

A sessão teve duas horas de duração e se desenvolveu na Comunidade Terapêutica Vicente López.

A musicoterapia é uma disciplina jovem, de raízes muito antigas, que gerou seus primeiros movimentos. Suas primeiras notas.

Talvez devamos olhar com admiração, respeito e humildade aquilo que ainda não entendemos. Se adotarmos essa atitude, por certo começaremos a ser "ensinados" acerca do segredo das energias.

A escuridão é o útero da criação. Ali nasce a luz. E o som. E, mais tarde, a forma e o pensamento.

Leia também

O TAO DA MÚSICA

Carlos D. Fregtman

Segundo uma concepção holística da realidade, a música se define em relação a outros sistemas mais amplos que a contêm e com os quais se inter-relaciona reciprocamente. Baseando-se nas mais recentes descobertas do campo da investigação ocidental e nos fundamentos da filosofia oriental, Carlos D. Fregtman não só sugere a existência de uma conexão íntima entre a consciência e a música, mas também entre todas e cada uma das partículas do Universo. Os reveladores conceitos que apresenta neste livro — baseados em mais de dez anos de pesquisas em laboratórios de som, sessões de musicoterapia e experiências transpessoais com música — constituem um documento único em seu gênero.

No momento em que o mau uso da tecnologia atenta contra a vida no planeta, em que o homem perde a noção de totalidade e se concentra apenas numa porção de si mesmo, em que a sensação generalizada que temos é a de ser um "ego separado, metido numa bolsa de pele", em que seres brutais negam os direitos de seus semelhantes, é preciso redescobrir as leis do equilíbrio e da harmonia da vida. Nossos limites não são as nossas fronteiras físicas, mas as nossas redes de mensagens, que deverão entrecruzar-se infinitamente para criar a trama cósmica de um futuro no qual reine o poder da consciência.

O Tao da música é o Tao do coração.

O PODER OCULTO DA MÚSICA

David Tame

A música influencia todo processo físico, intelectual e emocional.

A música harmoniosa acelera o crescimento das plantas, enquanto a música dissonante tolhe o seu desenvolvimento.

Pesquisando o que a sabedoria antiga afirma sobre os poderes da música, assim como os dados oferecidos pela ciência moderna, David Tame, com este livro, desafia oportunamente a idéia, hoje tão divulgada, de que a música é uma forma de arte imponderável, sem nenhum sentido prático.

Este estudo profundo sobre o lado oculto da música — provavelmente o mais detalhado e completo que já se escreveu — focaliza, entre outros, os seguintes tópicos:

- a música e a moralidade
- a musicoterapia
- o som e a cor
- os aspectos tonais da Revolução Americana
- a música e a magia na China Antiga
- as origens e os efeitos do *jazz* e dos *blues*
- os sete raios místicos
- os acordes cósmicos das conjunções planetárias
- a física do OM
- a música e os Novos Tempos

EDITORA CULTRIX

TAI-CHI CHUAN —
Arte Marcial, Técnica da Longa Vida

Catherine Despeux

O Tai-chi Chuan — ou Taiji quan — classificado pelos chineses entre as artes marciais, tinha na antigüidade chinesa um significado mais amplo que o atual e indicava igualmente a força de uma pessoa, sua bravura e habilidade.

A partir do século XX, porém, foi mudando de natureza e passou a ser cultivado, tanto na China como no Ocidente, com dois objetivos principais: como disciplina psicossomática e como arte marcial, embora sob este último aspecto seja menos conhecido no Ocidente.

Definido modernamente como "a arte da meditação em movimento", os movimentos flexíveis e lentos do Tai-chi Chuan promovem a harmonização das energias Yin e Yang através da coordenação entre consciência e respiração, libera as tensões corporais, e seu efeito terapêutico se faz sentir tanto sobre a saúde física como sobre a saúde mental.

Além disso, por utilizar e desenvolver a energia interior, essa antiga arte marcial se aparenta com as técnicas taoístas de longevidade, razão pela qual também é chamada de "a arte da longa vida".

EDITORA PENSAMENTO

A ARTE DE CURAR NO BUDISMO TIBETANO

Terry Clifford

A medicina tibetana é um sistema de cura holístico que vem sendo praticado por mais de mil anos, embora ainda tenha de conquistar o seu lugar na história da medicina na forma como a conhecemos no Ocidente.

Apresentando, pela primeira vez, uma introdução à arte de curar no Tibete, este livro estuda os diversos componentes da medicina budista tibetana: suas bases religiosas, filosóficas e psicológicas; sua história e suas divindades; os aspectos tântricos de seu ritual; as meditações para fins de cura; suas opiniões sobre a morte; a teoria sobre os humores e os métodos inusitados de diagnóstico e de tratamento.

Complementando essas informações, o autor faz um bem-documentado estudo sobre a psiquiatria tibetana — o sistema de psiquiatria médica mais antigo do mundo. Nesse sentido, traduzidos pela primeira vez para uma língua ocidental, este volume transcreve três fascinantes capítulos sobre as doenças mentais, extraídos do *rGyud-bzhi*, a obra mais antiga e mais importante sobre a medicina tibetana. Pesquisas e entrevistas do autor com médicos tibetanos refugiados na Índia e no Nepal ilustram, com exemplos extraídos da prática, a parte teórica dessas transcrições.

Um elenco de mais de noventa substâncias farmacológicas usadas pela psiquiatria tibetana completa esta obra, cujo interesse abrange tanto os especialistas como os leitores interessados nas áreas de estudos budistas, cura holística, medicina oriental, psicologia transpessoal, etnopsiquiatria e antropologia médica.

O autor, Terry Clifford, durante mais de dez anos estudou as doutrinas budistas com lamas tibetanos, tanto no Oriente como no Ocidente, e trabalhou em hospitais psiquiátricos para a implementação de programas terapêuticos que fazem uso da yoga e da meditação.

EDITORA PENSAMENTO

TAO-TE KING

LAO-TZU

O *Tao-Te King,* obra de Lao-Tzu, a mais alta expressão do pensamento chinês, constitui por si só um completo sistema filosófico, dotado de uma Metafísica, que entrevê e descreve no Tao a causa primeira, o bem supremo do Universo; de uma Moral, que indica ao homem o caminho para alcançar o seu próprio fim; e de uma Política, que mostra aos governantes a estrada que estes devem percorrer para o progresso e o bem-estar do povo.

Nenhuma outra obra da literatura chinesa atraiu tanta atenção quanto esta. Com exceção da Bíblia, é o livro mais traduzido de quantos já foram escritos. Sobre ele foram publicados mais comentários do que sobre qualquer outro clássico da literatura chinesa.

A presente tradução baseia-se na versão alemã de Richard Wilhelm, célebre pela excelente tradução que fez do *I Ching, o livro das mutações,* já publicado por esta Editora. Sua introdução, comentário e notas aos ensinamentos de Lao-Tzu mostram o que o *Tao-Te King* significa para a cultura chinesa e o que pode significar para o leitor moderno.

EDITORA PENSAMENTO